Ensayos

Clásica
Humanidades

MICHEL DE MONTAIGNE

ENSAYOS

PÁGINAS INMORTALES
SELECCIONADAS
POR ANDRÉ GIDE

Traducción de Juan Gabriel López Guix

AUSTRAL

Planeta

Obra editada en colaboración con Editorial Planeta – España

Título original: *Les pages immortelles de Montaigne*

Diseño de la colección: Compañía
Diseño de la portada: Austral / Área Editorial Grupo Planeta

Bajo el sello editorial AUSTRAL M.R.
Avenida Presidente Masaryk núm. 111,
Piso 2, Polanco V Sección, Miguel Hidalgo
C.P. 11560, Ciudad de México
www.planetadelibros.com.mx

Primera edición impresa en España en Austral: enero de 2026
ISBN: 978-84-08-31415-8

Primera edición impresa en México en Austral: abril de 2026
ISBN: 978-607-39-4089-4

Impreso en los talleres de Grafimex Impresores S.A. de C.V.
Av. de las Torres 256, Colonia Valle de San Lorenzo,
Iztapalapa, C.P. 09970, Ciudad de México.
Impreso en México - *Printed in Mexico*

Biografía

Michel de Montaigne (castillo de Montaigne, Périgord, 1533-1592). Escritor moralista francés. Estudia Derecho en la Universidad de Toulouse y se convierte en consejero del tribunal de Périgueux (1554), de donde pasa al Parlamento de Burdeos. Paulatinamente abandona estas funciones y empieza a frecuentar la vida de la corte. Entre 1571 y 1572, comienza a escribir los *Ensayos*, cuya primera edición aparece en 1580. Ese mismo año inicia un viaje por Francia, Alemania, Suiza, Austria e Italia, que dura hasta 1581 y que recoge en el libro *Journal de voyage en Italie* (que no se publicará hasta 1774 y que se tradujo como *Diario de viaje*). A su regreso, se convierte en alcalde de Burdeos, cargo que ejerce durante cuatro años (1581-1585) y, al final de su mandato, redacta la segunda edición de los *Ensayos*, que aparece con numerosas adiciones y con un tercer volumen en 1588. La tercera edición se publica póstumamente en 1595.

Índice

Montaigne

Montaigne es autor de un solo libro: los *Ensayos*. Pero, en ese libro único, escrito sin un plan establecido de antemano, sin método, al albur de los acontecimientos y las lecturas, pretende dársenos todo entero. Publica cuatro ediciones sucesivas de los *Ensayos* —e iba a decir: cuatro versiones—; la primera en 1580, a los cuarenta y siete años. Ese texto lo retoma, corrige, pule y deja aún al morir (en 1592) un ejemplar de la obra lleno de enmiendas y añadidos que las ediciones futuras tendrán en cuenta. Mientras, Montaigne viaja por el sur de Alemania e Italia (1580-1581), y ocupa luego (de 1581 a 1585) el importante cargo de alcalde de Burdeos: sus lectores se beneficiarán de las observaciones que pudo recoger en países extranjeros, de la experiencia de la vida pública en unos tiempos bastante agitados por las guerras de religión.

Desde ese momento, apartando el espíritu de los asuntos públicos para no ocuparse más que de sí mismo —quiero decir, de su propio pensamiento—, se encerrará en su biblioteca y ya no abandonará hasta su muerte el pequeño castillo del Périgord en el que nació. Escribe nuevos capítulos, que constituirán el tercer libro de los *Ensayos*; vuelve sobre los dos primeros, los corrige, los mejora, introduce seiscientos añadidos. Pero también recarga y entorpece el primer texto con multitud de citas recogidas en el curso de las constantes lecturas, porque Montaigne está convencido de que todo se ha dicho ya y le interesa mostrar que el espíritu del hombre permanece siempre y en todas partes inalterado. La abundancia de esas citas que forman, en algunos capítulos, una compacta masa de autores griegos y latinos, podría hacernos dudar de la originalidad de Montaigne; esta tendrá que ser muy intensa para dominar todo ese fárrago.

El despliegue de la erudición no era algo privativo de Montaigne, en esa época deslumbrada por la cultura griega y romana. Gibbon observa con bastante buen juicio que el estudio de las letras antiguas, que se remonta mucho más allá de los inicios del Renacimiento, antes que activar retardó el desarrollo intelectual de los pueblos de Occidente. Porque se buscaba en ellas no tanto una inspiración y un impulso cuanto unos modelos. La erudición, en la época de Boccaccio y Rabelais, pesaba sobre las inteligencias y, muy lejos de ayudar a liberarlas, las ahogaba. La autoridad de los antiguos y, en particular, de Aristóteles hundió la cultura en un atolladero y, durante el siglo XVI, la Universidad de París no formó otra cosa que pedantes.

Montaigne no llegó a sublevarse contra esta erudición libresca, sino que supo asimilarla, hacerla suya, hasta tal punto que en nada estorba su pensamiento, y en esto se distingue de todos los demás. A lo sumo, cediendo a la moda, sobrecarga los escritos con citas; pero «¿de qué nos sirve tener la barriga llena de carne —dice— si no se digiere?, ¿si no se transforma en nosotros?, ¿si no nos hace crecer y fortalecernos?» (Libro I, XXV). Y, más hermosamente aún, se compara a las abejas que «visitan aquí y allá las flores, pero que luego fabrican la miel, que es suya» (Libro I, XXVI).

El éxito de los *Ensayos* sería inexplicable sin la extraordinaria personalidad del autor. ¿Qué aportaba de novedoso al mundo? El conocimiento de sí mismo; pues cualquier otro conocimiento le parecía incierto; sin embargo, el ser humano que descubre, y que nos descubre, es tan auténtico, tan verdadero, que cada lector de los *Ensayos* se reconoce en él.

En cada época de la historia hay una imagen convencional de la humanidad que intenta ocultar ese ser real. Montaigne apartará la máscara para alcanzar lo esencial; si lo logra es mediante el esfuerzo continuado de una singular perspicacia; oponiendo a la convención, a las creencias establecidas, a los conformismos, un espíritu crítico siempre despierto, a la vez muy ágil y tenso, juguetón, divertido con todo, sonriente, indulgente, pero sin complacencia, puesto que lo que él pretende es conocer, en absoluto moralizar.

Para Montaigne, el cuerpo importa tanto como el espíritu; jamás separa el uno del otro, y se cuida de no presentarnos nunca su pensamiento de un modo abstracto. Por lo tanto, es particularmente importante, antes de escucharlo, verlo. Además, él mismo nos ofrece todos los elementos de su retrato, de pies a cabeza. Mirémoslo.

Es un tanto bajo de estatura; de cara rellena sin ser gorda; lleva barba, no muy larga, según la moda de la época. Todos los sentidos, en él, están «enteros casi a la perfección». Aun cuando haya abusado licenciosamente de una salud robusta, esta se mantiene vigorosa y solo los cálculos la alteran un poco a la altura de los cuarenta y siete años. Su paso es firme; los gestos, bruscos; la voz, alta y sonora. Habla de buen grado, siempre con vehemencia, y se mueve mucho al hacerlo. Come de todo con una glotonería tal que llega a morderse los dedos, porque en esa época no se empleaban todavía los tenedores. Monta mucho a caballo, ni siquiera en la vejez lo cansarán las más largas galopadas. El dormir, nos dice, le ocupa una gran parte de la vida.

La importancia de un autor depende no solo del propio valor, sino también, y en gran medida, de la oportunidad de su mensaje. Los hay cuyo mensaje solo tiene una importancia histórica y carece hoy de eco; pudieron, en su tiempo, despertar las conciencias, alimentar entusiasmos, encender revoluciones; ya no se dirigen a nosotros. Los grandes autores son aquellos cuya obra no responde únicamente a las necesidades de un país y una época, sino que presentan un alimento susceptible de saciar las hambres diversas de nacionalidades diferentes y generaciones sucesivas. «Un lector capaz descubre a menudo en los escritos de los demás perfecciones diferentes de las que el autor ha puesto y visto, y da sentidos y aspectos más ricos», dice Montaigne (Libro I, XXIV). ¿Será él «capaz» y sabrá responder a las preguntas nuevas que podrán plantearle los «lectores capaces» de los jóvenes Estados Unidos?* Es lo que me permito esperar.

En nuestra época, y sea cual sea el país en cuestión, los espíritus constructores gozan de un favor especial; aquello por lo que más se felicita a un autor es que nos proponga un sistema bien ordenado, un método con el cual resolver los angustiantes problemas políticos, sociales y morales que atormentan más o menos a todos los pueblos y a cada uno de nosotros en particular. Montaigne, es cierto, no nos aporta ningún método —¿cómo podría ser practicable hoy un método válido en su época?—, ningún sistema filosófico o social. Nada menos ordenado que su pensamiento; lo deja debatirse y correr al azar. E incluso su duda permanente, que hizo que Emerson lo considerara como el representante más perfecto del escepticismo —es decir, del antidogmatismo, del espíritu de búsqueda e investigación—, es comparable, como se ha dicho, a las medicinas purgativas que el enfermo expulsa junto con las materias que el medicamento ha evacuado. De manera que algunos han podido ver en el «¿qué sé?» el epítome de su sabiduría y su enseñanza; no puedo confor-

* Este prólogo y esta antología iban dirigidos a los estudiantes norteamericanos, según el proyecto de la editorial neoyorquina Longmans. *(N. del E.)*

marme con eso. El escepticismo no es lo que me gusta en los *Ensayos*, ni constituye la lección principal que extraigo de ellos. Un «lector capaz» sabrá encontrar en Montaigne más y mejores cosas que dudas e interrogaciones.

Da la impresión de que Montaigne, ante la atroz pregunta de Pilatos, cuyo eco retumba a lo largo de los siglos: «¿Qué es la verdad?», retome por su cuenta, aunque de un modo completamente humano y profano, en un sentido muy diferente, la divina respuesta de Cristo: «*Yo* soy la verdad». Es decir, que considera no poder *verdaderamente* conocer nada, sino solo a sí mismo. Es eso lo que le lleva a hablar tanto de él; porque el conocimiento de sí le parece enseguida más importante que cualquier otro. «Hay que quitar la máscara —escribe— tanto a las cosas como a las personas» (Libro I, XX). Se describe para desenmascararse. Y, como la máscara pertenece mucho más al país y a la época que al propio hombre, es sobre todo por la máscara por lo que difieren las personas, de tal modo que, en el ser verdaderamente desenmascarado, podemos reconocer con facilidad a nuestro *semejante*.

Montaigne llega incluso a pensar que la descripción que nos presenta podría ser de un interés tanto más general cuanto más particular es; y es en razón de esta verdad profunda por lo que nos interesa tanto su descripción; porque «cada hombre lleva la forma entera de la condición humana» (Libro III, II). Es más: Montaigne está convencido de que «el ser verdadero es el comienzo de una gran virtud» (Libro II, XVIII), como decía Píndaro; y esas admirables palabras, que Montaigne toma de Plutarco (que las recoge del propio Píndaro), las hago mías; me gustaría colocarlas al inicio de los *Ensayos*, porque es esa la enseñanza que ante todo extraigo de ellos.

Con todo, no parece que Montaigne haya captado desde un buen comienzo la valentía y el alcance de esa resolución suya de no admitirse más que verdadero y de pintarse al natural. De ahí cierta vacilación inicial en su trazo y la búsqueda de refugio en las espesas breñas de la historia, ese amontonamiento de citas y ejemplos —iba a decir: de autorizaciones—, los tanteos infinitos. Se interesa por él confusamente al principio, sin saber demasiado lo que importa y dudando de si lo más despreciable en apariencia y lo desdeñado con mayor frecuencia no es precisamente lo que merece más atención. Todo, en él mismo, es objeto de su curiosidad, diversión, sorpresa: «No he visto prodigio y milagro más claro en el mundo que yo mismo. Nos acostumbramos a cualquier extrañeza por el uso y el tiempo; pero cuanto más me frecuento y me conozco, menos me comprendo» (Libro III, IX). ¿No resulta divertido oírlo hablar así de su «deformidad», cuando lo que amamos en él es lo que nos permite reconocerlo igual a nosotros, simplemente hombre y hombre corriente?

Solo a partir del tercer y último libro de los *Ensayos* (que no figura en las primeras ediciones), Montaigne, en plena posesión, no de sí —nunca lo estará; es imposible estarlo—, sino de su tema, deja de tantear; sabe lo que quiere decir, lo que le importa decir, y lo dice de manera excelente, con una gracia en el estilo, un entusiasmo, una felicidad de expresión y unos repliegues incomparables. «Los otros [los moralistas] forman al hombre; yo lo describo», anota (Libro III, II) y, un poco más abajo, más sutilmente: «No describo el ser. Describo el pasaje» (los alemanes dirían el Werden). Porque Montaigne sigue preocupado por el perpetuo transcurrir de todas las cosas y, con esas palabras, indica la no estabilidad de la personalidad humana, que nunca es, sino que solo adquiere conciencia de sí misma en un inatrapable devenir. Esa es, al menos, la certeza que crece en medio del derrumbamiento de todas las demás: que, sobre el tema que es él mismo, él es «el hombre más sabio que existe»; y que «jamás ninguno [...] llegará más exacta y plenamente al fin que se había propuesto en su tarea» *(ibid.)*, razón por la cual no se exige ninguna otra virtud más que la «fidelidad»; y Montaigne cree deber añadir enseguida: «Está aquí, la más sincera y pura que se encuentra».

Creo que el gran placer que obtenemos de los *Ensayos* de Montaigne proviene del gran placer que él obtuvo al escribirlos y que sentimos, podríamos decir, en cada frase. De todos los capítulos que componen los tres libros de los *Ensayos*, uno solo parece claramente aburrido; es, con mucho, el más largo, el único que escribió con aplicación, perseverancia y esmero en la composición: la «Apología de Raimundo Sabunde», filósofo español del siglo XV que ejerció la medicina en Francia, en la Universidad de Toulouse, y del que Montaigne trabajosamente tradujo la *Theologia naturalis* a instancias de su padre. «Era una ocupación muy extraña y nueva para mí; pero al encontrarme por entonces ocioso, y no pudiendo negarme a la petición del mejor padre que haya existido, la llevé a cabo como pude» (Libro II, XII). Ese capítulo, situado en medio del libro segundo de los Ensayos, es el primero que escribió Montaigne. Es uno de los más célebres y uno de los citados con mayor frecuencia, porque es uno de esos donde su pensamiento, tan desordenado y errante por naturaleza, realiza el mayor esfuerzo por desarrollar una especie de doctrina y dar consistencia aparente al inconsistente escepticismo. Pero este pensamiento, precisamente por llevarlo sujeto, pierde aquí casi toda la gracia, el exquisito encanto de su discurrir ocioso; sentimos que lo dirige hacia un objetivo y nunca nos gustará tanto como cuando, más tarde, le dejará recoger, al azar de los encuentros, todas las flores de un sendero no trazado de antemano por el que se aventura incierto. Quiero destacar aquí que las obras más conseguidas, las más hermosas, son también aquellas en las que el autor ha hallado más alegría y diversión al escribirlas, aquellas en las que sentiremos menos la contención y el esfuerzo. En arte, no hay seriedad que se sostenga; el placer es el más seguro de los guías. En todos o casi todos los demás escritos que forman los diferentes capítulos de los *Ensayos*, el pensamiento de Montaigne permanece en estado fluido, podríamos decir, tan inseguro, tan mudable e incluso contradictorio que ha sido posible, luego, darle las interpretaciones más diversas. Algunos, como por ejemplo Pascal y Kant, buscan en Montaigne un cristiano; otros, como Emerson, un parangón del escepticismo; otros más, un precursor de Voltaire; Sainte-Beuve llegaba incluso a ver en los *Ensayos* una especie de preparación, de antecámara, para la *Ética* de Spinoza. Me parece, sin embargo, que Sainte-Beuve se acerca más a la verdad cuando escribe: «Bajo la apariencia de describirse en los mínimos detalles, de reducirse a manías singulares, ha tocado la fibra a todos y, así, con su propio retrato (el que ha trazado de sí mismo descuidada, pacientemente, retomándolo sin cesar), ha sido el mejor pintor e imitador de la mayoría de los hombres, casi siempre, con solo describirse minuciosamente ["tornadizo y diverso", dirá]. Cualquiera encuentra en él un pedazo de sí» (*Port-Royal*, III, II).

A mi juicio la gran fuerza de Montaigne consiste en haber sabido aceptar en sí mismo las inconsecuencias y las contradicciones. Ya en el inicio del segundo libro de los *Ensayos*, una frase nos sirve a la vez de aviso y de voz de alerta: «Quienes se dedican a examinar las acciones humanas en nada se encuentran tan ocupados como en reordenarlas y presentarlas bajo una misma luz; pues, por lo general, se contradicen de manera tan extraña que parece imposible que hayan salido de la misma tienda» (Libro II, I). Inconsecuencia del ser humano que ninguno de los grandes especialistas del corazón, ya sea Shakespeare, Cervantes o Racine, ha dejado de percibir al menos fugazmente. Pero sin duda era necesario establecer, de modo provisional, una psicología un tanto reducida, con algunos grandes caracteres bien definidos y fijos, para permitir la construcción de un arte clásico. Hacían falta enamorados que solo fueran enamorados, avaros completamente avaros, celosos íntegramente celosos: hombres, en fin, que no llegaran a ser un poco de todo eso simultáneamente. Montaigne habla de esos «buenos autores» (y lo que dice puede aplicarse a los que vinieron después más adecuadamente que a los que ya conocía) que «eligen un rasgo universal, y a partir de esa imagen, ordenan y explican todas las acciones de un personaje, y, si no pueden doblegarlo bastante, acaban atribuyéndolas a la simulación» (Libro II, I). Y añade: «Augusto se les escapó», con el mismo tono con el que Saint-Évremond dirá más tarde: «Hay repliegues y recovecos en nuestra alma que se le escaparon [a Plutarco] [...]. Juzgó al hombre demasiado en su conjunto y no lo creyó tan diferente a como es de sí mismo [...]. Lo que parece ser contradicción lo achaca a causas ajenas [...] que Montaigne comprendió mucho mejor». Me parece que Montaigne ha sabido ver mucho más que solo «inconstancia», como hace Saint-Évremond. Creo que, al amparo de esta palabra, se esconde precisamente la verdadera pregunta, que solo será abordada mucho más tarde por Dostoievski, y luego por Proust, y que hará decir a algunos: «Lo que se pone aquí en tela de juicio es la noción misma del hombre, sobre la cual vivimos», nociones que hoy Freud y otros están socavando. Quizá sea por algunas iluminaciones súbitas que nos aporta, inesperadamente y como sin querer, sobre las imprecisas fronteras de la personalidad y sobre la inestabilidad del yo por lo que Montaigne me parece más sorprendente y más directamente dirigido hacia nosotros.

Sin duda sus contemporáneos pasaron por encima de los pocos pasajes que más nos hacen vibrar hoy y no tuvieron ojos para verlos, o al menos para valorar su importancia. Y, sin duda, el propio Montaigne, compartiendo en parte su indiferencia a este respecto, al igual que compartía las curiosidades de su época en relación con aquello que ya no nos interesa, podría decir, si volviera hoy a la vida: «¡De haber sabido que era esto lo que os iba a interesar, habría dicho muchas más cosas!». ¿Y por qué diablos no lo hizo? Lo importante no era que gustara a sus contemporáneos, sino a nosotros. Es casi siempre por las cosas que se le reprocharon o por aquellas que su época más descuidó por lo que un escritor consigue comunicar con nosotros a través de los siglos. Prever lo que, entre las preocupaciones cotidianas, merecerá seguir interesando a las generaciones futuras exige una singular perspicacia.

Parece que el amor no desempeñó un gran papel en la vida de Montaigne; más bien fue la voluptuosidad. Por lo visto se casó sin gran entusiasmo y, aunque fuera buen marido, no dejó de escribir hacia el final de su vida: «Es quizá más fácil prescindir llanamente de todo sexo que mantenerse como es en todo punto debido en la compañía de la propia mujer» (Libro II, XXXIII); lo que en absoluto indica que lo haya hecho. Tiene a las mujeres en pésima estima y, pasado el placer que obtiene con ellas, las confina a los cuidados de la casa. He anotado en los *Ensayos* los pasajes en los que Montaigne habla de ellas; no hay uno que no sea injurioso. En cuanto a los hijos que tuvo, «se me mueren todos en la nodriza», nos anota sumariamente (Libro II, VIII). Una sola hija «escapa a este infortunio» *(ibid.)* y esos duelos sucesivos no parecen haberle afectado mucho.

Sin embargo, en modo alguno es Montaigne incapaz de simpatía y, en particular, en relación con los pequeños y los humildes: «Me entrego de buen grado a los pequeños, sea porque hay más gloria, sea por compasión natural, que puede infinitamente en mí» (Libro II, XIII). Pero es importante para el equilibrio de su razón que enseguida se reponga: «Me compadezco muy débilmente de las aflicciones de los demás, y lloraría por acompañar si, en la ocasión que fuera, supiera llorar» (Libro II, XI). La Rochefoucauld dirá más adelante, a la espera del famoso «Seamos duros» de Nietzsche: «Soy poco sensible a la piedad y me gustaría no serlo en absoluto». Pero tales declaraciones me conmueven en especial cuando proceden de quienes, como Montaigne o Nietzsche, tienen naturalmente un alma blanda.

De la vida sentimental de Montaigne, solo la amistad encuentra eco en su obra. La que sintió por Étienne de la Boétie, tres años mayor que él, autor de un único pequeño escrito: *Discurso sobre la servidumbre voluntaria*, parece haber ocupado en su corazón y su espíritu un lugar considerable. Este librito no nos permite considerar a La Boétie como el hombre «más grande que he conocido al vivo», tal como hacía Montaigne (Libro II, XVII); pero sí comprender la naturaleza de ese apego del futuro autor de los *Ensayos* por un alma extraordinariamente generosa y noble.

Otra amistad ocupó en la vida de Montaigne un

lugar considerable. La que tuvo por la señorita Marie de Gournay, a quien llamaba «su hija por alianza», «sin duda amada por mí mucho más que paternalmente, e incluida en mi retiro y soledad como una de las mejores partes de mi propio ser» *(ibid.)*, nos dice hacia el final de su vida. E incluso añade: «Ya solo la miro a ella en el mundo». Tenía veinte años y Montaigne cincuenta y cuatro cuando ella sintió por el autor de los Ensayos una admiración y un afecto «más que sobreabundante». Sería ingrato no hablar de esta relación, de naturaleza completamente espiritual, porque es a los cuidados de la señorita de Gournay a los que debemos la tercera y muy importante edición de los *Ensayos* (1595) aparecida a los tres años de la muerte de Montaigne, y a su devoción, la conservación de los manuscritos que sirvieron para establecer más tarde las ediciones más completas.

Por hermosa que haya sido su amistad con Étienne de la Boétie, podemos quizá pensar si no constreñiría un poco a Montaigne; preguntarnos cómo habría sido, este ser voluptuoso, de no haber encontrado a La Boétie; preguntarnos sobre todo qué habrían sido los *Ensayos* de no haber muerto La Boétie tan joven (a los treinta y tres años); si, en el espíritu del amigo, hubiera continuado ejerciéndose su imperio. Sainte-Beuve cita a este propósito una frase muy hermosa de Plinio el Joven: «He perdido el testigo de mi vida... temo a partir de ahora vivir más negligentemente». Pero es ese «negligentemente» lo que tanto nos gusta en Montaigne. Bajo los ojos de La Boétie, se arropaba un poco a la antigua. Sincero también aquí, como siempre, pues está muy cautivado por el heroísmo, pero no le gusta, le gustará cada vez menos, que el hombre se vuelva afectado y temerá cada vez más que no le sea necesario encogerse para elevarse.

La Boétie, en unos versos latinos que dirige a Montaigne, le dice: «Para ti será más arduo el combate, tú, nuestro amigo, que sabemos inclinado por igual a los vicios y las virtudes notables». Montaigne buscará cada vez menos «combatirse» una vez desaparecido La Boétie, tanto por disposición natural como por filosofía. No hay nada que le repugne más que una personalidad —debería decir una impersonalidad— artificial y laboriosamente obtenida, y con contención, según la moral, la decencia, la costumbre y lo que asimila a los prejuicios. Diríase que atribuye una especie de valor místico al ser verídico a quien todo esto estorba, oculta o deforma y que espera de él no se sabe qué revelación. Y, por supuesto, comprendo cuán fácil es aquí jugar con las palabras, no querer ver en esta enseñanza de Montaigne más que el consejo de abandonarse a la propia naturaleza, de seguir ciegamente los propios instintos, e incluso de ajustar el paso a los más viles que parecerán siempre los más sinceros, es decir, los más naturales, los que, por su misma densidad, su espesor, se encontrarán fielmente en el fondo del jarro, aun después de que este haya sido agitado por los más nobles arrebatos... Pero creo que esto sería comprender bastante mal a Montaigne, quien, aunque concede gran importancia, quizá demasiada, a esos instintos que tenemos en común con los animales, sabe coger impulso sobre ellos y no acepta nunca ser su esclavo o su víctima.

Es natural que con tales ideas Montaigne se sienta bien poco dispuesto al arrepentimiento y la contrición. «He envejecido ocho años desde mis primeras publicaciones —escribe en 1588—, pero dudo que haya mejorado una pulgada» (Libro II, IX). Y: «Los excesos de los que me he visto presa [...] ya los he condenado, según lo merecían [...]. Pero nada más» (Libro II, XI). Declaraciones semejantes abundan en la última parte de los *Ensayos*. Y más tarde añade además, con gran indignación de algunos: «Si tuviera que volver a vivir, viviría como he vivido; ni lamento el pasado, ni temo el futuro» (Libro III, II). Estas declaraciones, sin duda, no pueden ser menos cristianas. Cada vez que Montaigne habla del cristianismo, lo hace con la más extraña —a veces casi diríamos la más maliciosa— impertinencia. Se ocupa a menudo de la religión; jamás de Cristo. Ni una sola vez se remite a sus palabras; es como para que dudáramos de que hubiera leído el Evangelio o, más bien, es como para no dudar de que nunca lo leyó bien. En cuanto a la reverencia que muestra con respecto al catolicismo, hay en ella a buen seguro mucho de prudencia. (Porque no hay que olvidar que en 1572 Catalina de Médicis y Carlos IX dieron ciertas órdenes que provocaron la matanza de los protestantes en todo el reino de Francia.) El ejemplo de Erasmo (muerto en 1536) lo pone en guardia y por lo demás se comprende que tenga pocas ganas de escribir unas *Retractaciones*. Bien sé que Erasmo, al fin y al cabo, no escribió nunca las suyas; pero tuvo que prometer a la Iglesia que las escribiría: y ese prometer ya es molesto. Es mejor obrar con astucia: en el capítulo que titula «De las oraciones», Montaigne multiplica los añadidos conciliadores en las ediciones de 1582 y, luego, de 1595. Con ocasión de su viaje, en 1581, había presentado el libro al papa Gregorio XIII (fundador del calendario gregoriano, en uso todavía hoy); este lo felicita, pero con algunas reservas que las líneas añadidas tomarán en cuenta. Montaigne insiste hasta el exceso, como también en otra parte, con muchas repeticiones, sobre su perfecta ortodoxia y su sumisión a la Iglesia. Esta se mostraba entonces de lo más tratable; había pactado con el florecimiento cultural del Renacimiento. Erasmo, a pesar de la acusación de ateísmo, fue propuesto para el cardenalato; las obras de Maquiavelo, pese a ser tan profundamente irreligiosas, se habían impreso en Roma en virtud de un «breve» de Clemente VII.

Semejante tolerancia y relajación invitaban a los grandes dirigentes de la Reforma a una intransigencia tanto mayor. Con el catolicismo, Montaigne podía entenderse; con el protestantismo, en absoluto. Aceptaba la religión, siempre que esta se contentara con la apariencia. Lo que escribía a propósito de los «príncipes más capaces» también lo pensaba de las autoridades eclesiásticas: «Toda inclinación y sumisión les es debida, salvo la del entendimiento. Mi razón no está acostumbrada a doblarse, son mis rodillas» (Libro III, VIII).

Para proteger bien su libro, siente la necesidad de añadir aún algunas líneas de lo más tranquilizadoras, y en las que apenas lo reconocemos, en aquellos lugares de los *Ensayos* que podrían causar más alarma en los corazones sinceramente cristianos. «Este único fin de otra vida felizmente inmortal merece con justicia que abandonemos las comodidades y satisfacciones» (Libro I, XXXIX). Diríase que este pasaje (que, por otro lado, queda manuscrito y que solo conoceremos tras su muerte) y otros parecidos están colocados en el libro a modo de pararrayos o, mejor, están añadidos como esas etiquetas de «jarabe» o «limonada» en las botellas de whisky en tiempos de la ley seca. En efecto, ¿acaso no leemos algunas líneas más abajo del pararrayos: «Hay que retener con todos nuestros dientes y garras la costumbre de los placeres de la vida, que los años nos arrancan de los puños uno tras otro» *(ibid.)*? Este pasaje de la primera edición, que el fragmento agregado se esfuerza en vano por cubrir, nos ofrece al verdadero Montaigne, ese «enemigo jurado de toda simulación» (Libro I, XL); y me indignaría por esta cautelosa palinodia si no pensara que quizá era necesaria para que nos hiciera llegar su mercancía. «Puede haber parecido muy buen católico, salvo en que no fue nada cristiano», escribe excelentemente Sainte-Beuve. De manera que podría decirse de Montaigne lo que él mismo decía del emperador Juliano: «En materia de religión, estaba equivocado en todo; lo apodaron el apóstata por haber abandonado la nuestra; de todas maneras esta opinión me parece más verosímil, que nunca la tuvo en el corazón, sino que, por la obediencia a las leyes, fingió...». Y citando a Amiano Marcelino «[...] albergaba desde hacía largo tiempo en su corazón el paganismo; pero, puesto que todo su ejército era de cristianos, no osaba descubrirlo» *(ibid.)*. Por eso le atrae tanto la figura de Juliano.

Lo que le gusta en el catolicismo, lo que admira y ensalza, es el orden y la antigüedad. «En este debate por el cual Francia se encuentra hoy sacudida por guerras civiles, el mejor y más sano partido es sin duda el que mantiene la religión y el gobierno antiguo del país», dice (Libro II, XIX). Porque «todas las grandes mutaciones estremecen el Estado y lo desordenan» (Libro III, IX). Y «el mal más viejo y mejor conocido es siempre más soportable que el reciente y no experimentado» *(ibid.)*. No hay que buscar otra razón, junto con su ignorancia del Evangelio, a su odio hacia los reformadores protestantes. La religión de la Iglesia, la religión francesa, quiere mantenerla tal cual, no tanto porque la juzga como la única buena, cuanto porque cree perjudicial cambiarla.

Sentimos así mismo, en toda la vida de Montaigne y a través de todos sus escritos, un constante amor por el orden, la mesura, la preocupación por el bien público y la resistencia a hacer prevalecer, sobre el interés de todos, el interés particular. Pero la rectitud de su propio juicio y el mantenimiento de esa rectitud le parece que valen más y que deben pasar por delante de todas las demás consideraciones: «Antes dejaría que se rompieran el cuello los asuntos que doblegar mi fe y mi conciencia en su servicio» (Libro II, XVII). Y prefiero aquí tomarlo al pie de la letra, sin preguntarme si quizá no está alardeando un poco; porque importa en nuestros días que semejantes palabras se oigan, como importaba en los tiempos confusos en los que vivió Montaigne que ciertas conciencias íntegras mantuvieran la independencia y la autonomía por encima de las sumisiones gregarias y las aceptaciones cobardes. «Todos los juicios universales son vagos y peligrosos» (Libro III, VIII), o: «No hay modo de vida tan tonto y débil como el que se lleva por precepto y disciplina» (Libro III, XIII). Los pasajes de este estilo abundan en los *Ensayos* y, dado que me parecen de la mayor importancia, y en particular hoy, citaré todavía este último: «El bien público exige que se traicione, que se mienta [ay, a continuación tendrá incluso que añadir] y que se mate; dejemos esta misión a personas más obedientes y dóciles» (Libro III, I). A todas luces, Montaigne está poco hecho para la política.

Se siente mucho más cualificado para la dirección de los asuntos y, cuando renunció a sus funciones de magistrado y más tarde, también, cuando dejó la alcaldía de Burdeos para ocuparse solo de sí mismo, juzgó bastante cuerdamente que elaborando los Ensayos rendía el mayor servicio al Estado. Añado: y a toda la humanidad, porque es importante destacar que en él la idea de humanidad domina con mucho a la idea de patria. Tras un extraordinario elogio de Francia o, al menos, de París, «gloria de Francia y uno de los más nobles ornamentos del mundo», al que quiere «tiernamente hasta en sus verrugas y sus manchas» (Libro III, IX), tiene el cuidado de declarar superior la amistad que siente por el género humano: «Considero a todos los hombres compatriotas míos, y abrazo a un polaco como a un francés, posponiendo esta relación nacional a la universal y común» *(ibid.)*. Añade: «Las amistades puras adquiridas voluntariamente suelen vencer sobre aquellas a las que nos unen la comunidad del clima o la sangre.

La naturaleza nos ha puesto en el mundo libres y desligados; nosotros nos encarcelamos en algunos lugares; como los reyes de Persia, que se obligaban a no beber otra agua que la del río Choaspes, renunciaban por tontería a su derecho de uso de todas las demás aguas y desecaban a sus ojos todo el resto del mundo» *(ibid.)*.

Siempre estamos en deuda con Montaigne; como habla de todo sin orden ni método, cada cual puede sacar de los *Ensayos* lo que le plazca, que a menudo es lo que otro ha despreciado. No hay autor que sea más fácil de apropiar, sin que precisamente pueda ser uno acusado de traicionarlo, porque da el ejemplo y sin cesar se contradice y traiciona él mismo. «En verdad, y no temo confesarlo, en caso de necesidad llevaría fácilmente un cirio a san Miguel, otro a su serpiente» (Libro III, I). Algo que, a buen seguro, puede gustar más a la serpiente que a san Miguel. Además Montaigne no es muy querido de los hombres de partido, a quien él tampoco quería mucho. Esto explica que no gozara de gran favor, tras su muerte, al menos en una Francia ásperamente dividida por los partidos. De 1595 (recordemos que murió en 1592) a 1635, solo hubo tres o cuatro nuevas ediciones de los *Ensayos*. Es en el extranjero, en Italia, España y, en especial, Inglaterra, donde Montaigne se hizo pronto popular durante ese tiempo de desfavor o semifavor en Francia. Encontramos en la obra de Bacon y en la de Shakespeare innegables huellas de la influencia de los *Ensayos*.

Al alejarse del cristianismo, lo que hace es acercarse por adelantado a Goethe. «Para mí, pues, amo la vida y la cultivo tal como le ha placido a Dios concedérnosla. [...] La naturaleza es una dulce guía, pero no más dulce que prudente y justa» (Libro III, XIII). Estas frases, que son casi las últimas de los *Ensayos*, sin duda podría haberlas refrendado Goethe de buen grado más tarde. A esto conduce la sabiduría de Montaigne. Ninguna palabra es inútil; y Montaigne tiene gran cuidado de unir la idea de prudencia, justicia y cultura a su declaración de amor por la vida.

Lo que sobre todo nos enseña Montaigne es lo que mucho más tarde se llamó *liberalismo* y me parece que, hoy en día, es la lección más sabia que podemos obtener de él, en un tiempo en que las convicciones políticas o religiosas dividen espantosamente y oponen entre sí a todos los hombres. «En las confusiones presentes de este Estado, mi interés no me hace desconocer ni las cualidades loables de nuestros adversarios, ni las que son reprochables en quienes he seguido» (Libro III, X). Añade poco después: «Una buena obra no pierde sus gracias por hablar en contra de mí» *(ibid.)*. Y, más adelante, concluye con estas líneas excelentes: «Quieren [...] que nuestra convicción y nuestro juicio sirvan no a la verdad, sino al proyecto de nuestro deseo. Tiendo más bien hacia el otro extremo, tanto temo que mi deseo me seduzca. Además que recelo un poco débilmente de las cosas que deseo» *(ibid.)*. Estas cualidades de espíritu y alma nunca son tan deseables y no rendirán nunca mayor servicio como en los tiempos en que son más desdeñadas.

Esta rara y extraordinaria propensión, de la que nos habla a menudo, de escuchar e incluso adoptar la opinión de los demás, hasta dejarla prevalecer sobre la propia, lo retiene de aventurarse más en una ruta que será más tarde la de Nietzsche. Lo retiene también una prudencia natural de la cual, para su salvaguarda, no se separa de buen grado. Teme las regiones desérticas y aquellas en que el aire está demasiado rarificado. Pero una curiosidad inquieta lo espolea y, en el terreno de las ideas, no para, como durante sus viajes. El secretario que lo acompañaba escribió un diario de ruta. «Nunca lo vi menos cansado —leeremos en él— ni menos quejumbroso de sus dolores [padecía entonces cálculos urinarios, cosa que no le impedía permanecer a caballo durante horas], con el espíritu, tanto en los caminos como en las posadas, tan aguzado ante lo que encontraba, y buscando todas las ocasiones conversar con los extranjeros, que creo que eso engañaba su mal.» Declaraba no tener «otro proyecto que pasearse por lugares desconocidos» y, más adelante, «tan grande era su placer viajando que odiaba aproximarse al lugar en que debía descansar». Y también «acostumbraba a decir que, tras pasar una noche inquieta, cuando por la mañana se acordaba de que tenía que ver una ciudad o una región nueva, se levantaba con deseo y alegría». Él mismo escribe en los *Ensayos*: «Sé bien que tomándolo al pie de la letra este placer de viajar es testimonio de inquietud e irresolución. En realidad son nuestras cualidades maestras y predominantes. Sí, lo confieso, no veo nada, solo en sueño y por deseo, donde pueda atraparme; solo la variedad me satisface, y la posesión de la diversidad» (Libro III, IX).

Montaigne tenía casi cincuenta años cuando emprendió el primero y único gran viaje de su vida, a Alemania del sur e Italia. El viaje duró diecisiete meses; y seguramente habría durado mucho más, dado el extremo agrado que le producía, si la imprevista elección a la alcaldía de Burdeos no lo hubiera llamado de pronto a Francia. A partir de ese momento traslada a las ideas esa valiente curiosidad que lo lanzaba a los caminos.

Es muy instructivo seguir a través de las sucesivas ediciones de los *Ensayos* la modificación de su actitud respecto a la idea de la muerte. Titula uno de los primeros capítulos del libro: «Filosofar es aprender a morir», y en él leemos: «No hay nada con que me haya entretenido más que con los pensamientos de la muerte: incluso en la época más licenciosa de mi vida» (Libro I, XX). Se trataba, al domesticar estos pensamientos, de disminuir su horror. Pero, en la última edición de los *Ensayos*, dice: «A Dios gracias, puedo desalojar cuando le plazca, sin lamentar cosa alguna, si no es la vida [...]. Me desligo en todo; me he despedido a medias de todos, salvo de mí. Nunca un hombre se preparó para dejar el mundo tan pura y plenamente, y se desprendió de él de modo tan completo como espero hacerlo» *(ibid.)*, «y no me avisará de nada nuevo la llegada de la muerte» *(ibid.)*. A esta muerte llega casi a amarla, como ama todas las cosas naturales.

Montaigne, según nos cuentan, tuvo un final muy cristiano. Reconozcamos que no iba por ese camino. Es cierto que su mujer y su hija lo asistieron en los últimos momentos y sin duda lo impulsaron por simpatía, como ocurre a menudo, a morir, no con esa muerte «recogida en sí misma, tranquila y solitaria, toda mía, adecuada a mi vida retirada y privada» (Libro III, IX), con la que se había «contentado», sino más devotamente de lo que habría decidido por sí solo. Acaso el presentimiento de esto le hará escribir: «Si tuviera que elegir [mi muerte] sería, creo, mejor a caballo que en una cama, fuera de mi casa y alejado de los míos» *(ibid.)*.

Si se me reprocha haber acerado en exceso las ideas de Montaigne, responderé que muchos comentadores suyos se ocupan demasiado de embotarles la punta. No he hecho más que desabrigarlas, despojarlas de la estopa que obstruye un poco los *Ensayos* e impide a menudo que lleguen hasta nosotros sus dardos. Frente a los autores atrevidos, convertidos en clásicos, la gran preocupación de los pedagogos es hacerlos inofensivos; y admiro cómo se emplea en ello, de forma natural, el trabajo de los años. Al cabo de poco tiempo, parece que el filo de todos los pensamientos nuevos se embota; por otro lado, una especie de costumbre permite manejarlos sin miedo ya a herirnos.

Montaigne, en su viaje a Italia, se asombra de encontrar los monumentos más altivos de la antigua Roma medio sepultados bajo las ruinas. Es por la punta por donde se van desmoronando. Pero, debido a los propios escombros, el suelo sobre el que caminamos se eleva poco a poco y si, hoy en día, tal flecha parece menos alta, es también porque la contemplamos desde menos abajo.

André Gide

Nota del traductor

La escritura de Montaigne ha sido calificada de «cinética» por el movimiento constante que imprimió a sus *Ensayos*. Se han identificado tres estados del texto, correspondientes a las ediciones de 1580, 1588 y 1595. La primera incluía los dos primeros libros; la segunda contenía añadidos y todo el tercer libro; y la tercera es una edición póstuma realizada a partir de una copia de un ejemplar anotado por Montaigne hasta su muerte. Existe una cuarta versión, establecida tras el hallazgo del ejemplar original en la Biblioteca de Burdeos: es la llamada «edición municipal», publicada a principios de este siglo. Las ediciones modernas siguen este último texto y se remiten a la edición de 1595 en los casos de duda.

La edición de Gide sigue el texto de 1595; omite de modo sistemático las citas en latín que salpican todo el texto, no tiene en cuenta a veces algunas adiciones presentes en su versión y transcribe el fragmento tal como aparecía en alguna edición anterior.

Sin duda, ello se debe al criterio de su antología, al deseo, como explica en el prólogo, de aguzar las ideas de Montaigne. Asimismo, hay que señalar que el texto de la «edición municipal» presenta múltiples —aunque pequeñas— variantes con respecto a la edición utilizada por Gide. En los casos de divergencia, hemos optado por remitirnos a la edición publicada por Gallimard en la «Bibliothèque de la Pléiade». Se ha mantenido la elisión de las citas latinas, pero hemos señalado las demás omisiones y actualizado la numeración de los capítulos. En cuanto a la puntuación, las ediciones francesas han considerado conveniente, en aras de la claridad, modificar la original. Es el criterio adoptado por La Pléiade, a quienes nosotros también seguimos.

La traducción de una obra alejada de nosotros en el tiempo añade a los problemas propios de la tarea de traducir otros nuevos derivados del lapso que nos separa del original. Un clásico siempre se nos resiste. El francés del Renacimiento —como el castellano— es una lengua en movimiento expansivo, creadora de palabras y dada a las transformaciones. Nada más normal, pues, en un texto de esta época que nos encontremos con palabras que han llegado hasta nosotros con el aspecto exterior sin modificar, pero cuyo sentido original ha experimentado una importante muda hasta quedar como acepción muy secundaria o incluso desaparecer por completo.

Así, por ejemplo, en el siglo XVI *fantaisies* equivalía a «ideas», no a «fantasías». El caso es que no es lo mismo pensar que Montaigne se refiere a sus *Ensayos* (es decir, a sus probaturas, sus ejercicios) como fantasías y considerarlos como tales que considerarlos como reflexiones. La presente versión ha optado por modernizar el texto en lo referente al léxico y ha intentado ceñirse al máximo al estilo del «señor de la Montaña», un estilo caracterizado por frases que en ocasiones muestran rupturas sintácticas e incoherencias gramaticales. Ahora bien, esa peculiaridad es el rastro de un escribir y reescribir sucesivo que Montaigne practicó a lo largo de toda la vida y constituye la marca de un autor que hizo de la divagación un procedimiento de su escritura.

J. G. L. G.

ENSAYOS

AL LECTOR

Este es un libro sincero, lector. Te advierto desde el principio que no me he propuesto con él ningún otro fin que no sea doméstico y privado. No he tenido consideración alguna hacia tu provecho ni hacia mi gloria. Mis fuerzas no son capaces de semejante propósito. Lo he dedicado al beneficio particular de parientes y amigos: para que una vez me hayan perdido (lo que les ocurrirá muy pronto) puedan reencontrar en él algunos rasgos de mi carácter y humor, y de este modo conserven más entero y más vivo el conocimiento que han tenido de mí. De haberlo escrito para obtener el favor del mundo, me habría engalanado mejor, o me habría mostrado con apariencia estudiada. Quiero que se me vea en mi modo de ser, simple, natural y común, sin afectación ni artificio, porque es a mí mismo a quien pinto. Mis defectos se leerán al vivo, así mismo, mi forma de ser al natural, en la medida en que me lo ha permitido el respeto público. Que de haber estado en esos pueblos que según se dice viven todavía bajo la dulce libertad de las primeras leyes de la naturaleza, te aseguro que de muy buen grado me habría pintado por entero, y todo desnudo. Así pues, lector, soy yo mismo la materia de mi libro: no hay razón para que emplees tu tiempo en tema tan frívolo y vano.

Adiós pues; de Montaigne, a primero de marzo de mil quinientos ochenta.

Cómo llegó Montaigne a escribir sus Ensayos

[...] Cuando me retiré recientemente a mi casa, decidido en la medida de lo posible a no ocuparme de otra cosa que de transcurrir en paz y apartado este poco que me queda de vida, me pareció que no podía hacer mayor favor a mi espíritu que dejarlo en plena ociosidad ocuparse solo, detenerse y reposar en él mismo: cosa que esperaba que pudiera hacer a partir de ese momento más fácilmente, convertido con el tiempo en más grave y más maduro; pero encuentro que al contrario, como un caballo desbocado, se da cien veces más trabajo él solo que el que tendría por causa de otros; y me engendra tantas quimeras y tantos monstruos fantásticos unos tras otros, sin orden ni concierto, que, para contemplar a mis anchas su tontería y excentricidad, he empezado a registrarlos, esperando con el tiempo hacer que se avergüence de sí mismo.

Libro I, IX: «De la ociosidad»

[...] La meta de nuestra carrera es la muerte, es el objeto necesario de nuestra mira: si nos asusta, ¿cómo podemos dar un paso adelante sin agitación? El remedio del vulgo es no pensar en ella. Pero ¿de qué primitiva estupidez puede venirle una tan burda ceguera?

[...] Pero es locura pensar llegar por ese camino. Van, vienen, trotan, danzan; de la muerte, ni rastro. Muy bien. Pero luego cuando les llega, ya sea a ellos o a sus mujeres, hijos y amigos, sorprendiéndoles de improviso y al descubierto, ¡qué tormentos, qué gritos, qué rabia y qué desesperación los abruma! ¿Habéis visto antes algo tan abatido, tan cambiado, tan confuso? Hay que preverla antes: y esta despreocupación bestial, aun cuando pudiera alojarse en la cabeza de un hombre de juicio, cosa que considero enteramente imposible, nos vende demasiado caro sus mercancías. De ser enemigo que pudiera evitarse, aconsejaría tomar las armas de la cobardía. Pero como no es posible, como os atrapa siendo igualmente fugitivos y cobardes que hombres de bien, y que ninguna coraza os protege, aprendamos a mantener el pie firme y a combatirlo.

[...] Es más: la propia naturaleza nos tiende la mano y nos da valor. Si es una muerte corta y violenta, no tenemos tiempo de temerla; si es otra, me doy cuenta de que a medida que avanzo por sus senderos y en la enfermedad, entro de forma natural y espontánea en cierto desdén por la vida. Pienso que me cuesta más digerir la idea de morir cuando me hallo en plena salud que cuando he caído presa de la fiebre. Puesto que no me aferro con tanta fuerza a los alicientes de la vida, a medida que empiezo a perder su costumbre y su placer veo la muerte con ojos menos asustados. Ello me hace esperar que, cuanto más me aleje de una y me acerque a la otra, más fácilmente entraré en disposición de intercambiarlas. Del mismo modo que he experimentado en otras ocasiones lo que dice César, que las cosas nos parecen a menudo más grandes de lejos que de cerca, me he dado cuenta de que estando sano me horrorizaban mucho más las enfermedades que cuando las he padecido; la animación que siento, el placer y la fuerza hacen que el otro estado me parezca tan desproporcionado con respecto a este, que con la imaginación aumento doblemente esos dolores y los concibo más pesados de lo que los siento cuando los llevo sobre mis espaldas. Espero que me ocurra lo mismo con la muerte.

[...] No hay que proyectar nada a tan largo plazo, o al menos con intención de apasionarse por ver el final. Hemos nacido para actuar.

Quiero que se actúe, [...] que la muerte me encuentre plantando mis coles, pero sin preocuparme por ella, y menos aún por mi jardín imperfecto.

Libro I, XX: «Filosofar es aprender a morir»

De la costumbre

[...] Las leyes de la conciencia, que decimos nacen de la naturaleza, nacen de la costumbre; cada cual, guardando veneración interna por las opiniones y las costumbres recibidas y aprobadas en su entorno, es incapaz de desprenderse de ellas sin remordimiento, o de aplicarse a ellas sin aplauso. [...]

Pero el principal efecto de su poder es cogernos y atraparnos de tal modo que apenas esté en nosotros poder liberarnos de su influjo y volver a nosotros, para discurrir y razonar sus órdenes. A decir verdad, como las sorbemos con la leche materna, y como la faz del mundo se nos presenta en ese estado ante nuestra primera mirada, parece que hemos nacido con la condición de seguir esa conducta. Y las opiniones comunes, que encontramos vigentes a nuestro alrededor e infusas en el alma por la semilla de nuestros padres, parece que sean las generales y naturales.

De donde viene que lo que está fuera del marco de la costumbre se considere fuera del marco de la razón; sabe Dios con qué poca razón la mayoría de las veces. [...] Pero recibimos los consejos de la verdad y sus preceptos como dirigidos al pueblo, nunca a uno mismo; y, en lugar de destinarlos a nuestras propias costumbres, cada cual los relega en su memoria muy tonta e inútilmente. Volvamos al imperio de la costumbre.

Los pueblos criados en la libertad y en el autogobierno estiman cualquier otra forma de organización monstruosa y contra natura. Los acostumbrados a la monarquía piensan lo mismo. Y ante cualquier oportunidad de cambio que les brinda la fortuna, incluso cuando, con grandes dificultades, se han librado de la molestia de un señor, corren a colocar otro nuevo con iguales desventajas, por no poder resolverse a odiar al señorío.

[...] El uso nos arrebata el verdadero rostro de las cosas.

[...] Quien quiera intentar lo mismo y deshacerse de ese tenaz prejuicio de la costumbre encontrará varias cosas aceptadas con una firmeza fuera de toda duda, que no tienen más apoyo que la barba cana y las arrugas del uso que las acompaña; mas una vez se desprenda de esa máscara, al devolver las cosas a la verdad y la razón, sentirá el juicio por completo trastornado, pero repuesto, no obstante, en un estado mucho más seguro.

[...] Estas consideraciones, sin embargo, no alejan a un hombre de juicio del estilo común; más bien, al contrario, me parece que todas las formas apartadas y particulares proceden más de la locura o de la afectación ansiosa que de la verdadera razón; y que el sabio debe, en su interior, apartar su alma del vulgo y mantenerla libre y capaz de juzgar con libertad las cosas; pero, ante el exterior, debe seguir fielmente las maneras y formas comúnmente aceptadas. La sociedad no necesita de nuestros pensamientos; pero el resto, las acciones, el trabajo, las fortunas y la propia vida, hay que prestarlo y entregarlo a su servicio y a las opiniones comunes, del mismo modo como aquel bueno y gran Sócrates se negó a salvar su vida desobedeciendo a un magistrado, aunque fuera un magistrado muy injusto y muy inicuo. Porque es la regla de las reglas, y ley general de las leyes, que cada cual observe las del lugar en que se encuentra.

Libro I, XXIII: «De la costumbre,
y de no cambiar fácilmente una ley recibida»

Jamás he visto padre alguno, por cojo o jorobado que fuera su hijo, que dejara de reconocerlo como suyo. Y no tanto, siempre que no se encuentre del todo embelesado por dicho afecto, porque no perciba su defecto; sino en la medida en que es suyo. Así, también yo veo, mejor que cualquier otro, que no son estos más que los pensamientos de un hombre que en la infancia solo ha probado de las ciencias la corteza exterior, y que solo ha retenido una composición general e informe: un poco de cada cosa y nada del todo, a la francesa. Porque, en suma, sé que hay una medicina, una jurisprudencia, cuatro partes en la matemática y, a grandes rasgos, de lo que tratan; pero ir más lejos, quemarme las cejas en el estudio de Aristóteles, monarca de la doctrina moderna, u obstinarme tras alguna ciencia, no lo he hecho nunca; ni hay arte del que pueda trazar siquiera las primeras líneas. Y no hay niño de los cursos medios que no pueda decirse más sabio que yo, que ni siquiera puedo examinarlo de la primera lección. Y, si me fuerzan, me veo obligado bastante inútilmente a sacar alguna materia de tema universal en la que examino su juicio natural: lección que les es tan desconocida como a mí la suya.

[...] Mis conceptos y mi juicio solo andan a tientas, titubeando, tropezando y chocando; y al llegar hasta lo más lejos que puedo, no por ello me siento satisfecho; veo todavía el país que hay más allá, aunque con una visión borrosa y nublada, que no puedo separar.

[...] A un hijo de buena familia que busca las letras, no por el beneficio (porque un fin tan abyecto es indigno de la gracia y el favor de las musas, y además corresponde y depende de otros) ni tanto por las ventajas externas como por las propias, y para enriquecerse y engalanarse interiormente, que desee convertirse antes en un hombre capaz que en un hombre sabio, desearía también que se preocuparan de elegirle un preceptor con la cabeza bien derecha antes que bien llena, y que se le exigieran dos cosas, antes las buenas costumbres y la inteligencia que la ciencia; y que se condujera bajo su tutela de un modo nuevo.

No dejan de gritarnos en los oídos, como quien vierte en un embudo, y nuestro cometido solo es repetir lo que nos han dicho. Me gustaría que se corrigiera este punto, y que, desde el principio, según el alcance del alma que tiene en sus manos, empezara a ponerla a prueba, haciéndole gustar las cosas, elegirlas y discernir por sí misma; abriéndole el camino a veces, otras, dejándoselo abrir a ella. No quiero que invente y hable él solo; quiero que a su vez escuche hablar al discípulo.

[...] Sin duda por no dejarle la libertad de hacer nada solo lo volvemos servil y cobarde. [...]

En esta escuela que es el trato con los hombres, he observado a menudo el vicio según el cual, en lugar de buscar conocer a los otros, solo actuamos para darnos a conocer, y nos afanamos más en vender nuestras mercancías que en adquirir nuevas. El silencio y la modestia son virtudes muy provechosas en la vida social. [...] Que lo hagan refinado al escoger y calibrar sus razones, y amante de la pertinencia, y por lo tanto de la brevedad. Que se le instruya sobre todo a rendir y dejar las armas ante la verdad, en el momento de descubrirla; ya nazca en manos de su adversario, ya nazca en él mismo al mudar de parecer. Porque [...] quisiera que el Paluel o Pompeyo, esos excelentes bailarines de mi tiempo, enseñaran cabriolas solo con verlas hacer, sin tener que movernos del sitio, como esos quieren instruir nuestra inteligencia, sin ponerla en movimiento y manos a la obra, o que nos enseñaran a manejar un caballo, una pica, un laúd o la voz, sin ejercitarnos, como esos quieren enseñarnos a juzgar bien y hablar bien, sin ejercitarnos ni a hablar ni a juzgar. Ahora bien, para este aprendizaje, todo lo que se presenta a nuestros ojos sirve de valioso libro: la malicia de un paje, la necedad de un criado, un comentario de sobremesa, son otras tantas materias nuevas.

Por eso es maravillosamente adecuado el trato de los hombres, así como la visita de países extranjeros, no solo para volver, según la moda de nuestra nobleza francesa, con los pasos que mide Santa Rotonda, o con la riqueza de las bragas de la Signora Livia, o, como otros, en qué medida la cara de Nerón de alguna vieja ruina es tanto más larga o ancha que cualquier medallón similar, sino para volver conociendo principalmente los caracteres de esas naciones y sus hábitos, y para frotar y limar nuestras entendederas con las de los demás. Me gustaría que empezara a paseársele desde su más tierna infancia, y ante todo, para matar dos pájaros de un tiro, por las naciones vecinas donde el idioma esté más alejado del nuestro, y al que la lengua no puede adaptarse si no se la forma pronto.

También es opinión aceptada por todos que no está bien criar a un hijo en el regazo de los padres. Ese amor natural los debilita demasiado y relaja, incluso a los más despabilados; no son capaces ni de castigar las faltas ni de verlo criarse en severidad, como debe ser, y en contacto con los riesgos. [...]

No basta con curtirle el alma; es necesario también curtirle los músculos. Aquella se encuentra enseguida agobiada, de no estar secundada, y sería excesivo para ella atender sola a dos funciones. Sé cuánto se afana la mía en compañía de un cuerpo tan débil, tan sensible, que se apoya tanto sobre ella. [...]

El alma que alberga la filosofía debe, por su salud, hacer sano también el cuerpo. Debe hacer relucir hasta el exterior el contento, la paz y el bienestar; debe conformar a su molde el porte externo, y dotarlo y armarlo por consiguiente de un amable orgullo, una actitud activa y vivaz, y un comportamiento sereno y bondadoso. [...] Tiene por objetivo la virtud, que no está, como dicen en la escuela, plantada en la cima de un monte abrupto, escabroso e inaccesible. Quienes se han acercado a ella la tienen, al contrario, alojada en una hermosa llanura fértil y floreciente, desde donde se ven todas las cosas bastante por debajo de ella; pero a la que se puede acceder, para quien sabe el camino, por caminos sombreados, herbosos y dulcemente floridos, de manera agradable, y con una pendiente fácil y lisa como la de las bóvedas celestes. Por no haber perseguido esta virtud suprema, hermosa, triunfante, amorosa, a un tiempo deliciosa y valiente, enemiga declarada e irreconciliable de la amargura, el dolor, el temor y la coacción, que tiene como guía a la naturaleza y a la fortuna y voluptuosidad por compañeras [...].

[...] Sabe ser rica y poderosa y sabia, y acostarse en colchones almizclados; ama la vida, ama la belleza, la gloria y la salud. Pero su función propia y particular es saber usar esos bienes con mesura, y saber perderlos constantemente [...].

Por todo esto, no quiero que se encierre al niño en un colegio. No quiero que se le abandone al humor melancólico de un furioso maestro de escuela. No quiero corromper su espíritu sometiéndolo a la tortura y al tormento, como hacen los otros, catorce o quince horas por día, como un mozo de cuerda. Ni encontraría bien que, si por un temperamento solitario y melancólico se le viera dedicarse con aplicación desmedida al estudio de los libros, se le incentivara en esa dirección; esto los vuelve ineptos para la vida civil y los desvía de más dignas ocupaciones. ¿Y cuántos hombres he visto en mi vida embrutecidos por una temeraria avidez de ciencia?

[...] Los mismos juegos y ejercicios constituirán una buena parte del estudio: la carrera, la lucha, la música, la danza, la caza, el manejo de los caballos y las armas. Quiero que el decoro externo, el don de gentes y la disposición de su persona se moldeen a la vez que el alma. No es un alma ni un cuerpo lo que se educa, sino un hombre; no hay que dividirlo en dos.

[...] ¿Qué modo de despertar el gusto por la lectura en esas tiernas y temerosas almas es guiarlas con expresión espantosa y con la mano armada de látigos? [...] ¡Cuánto más convenientemente tapizadas estarían sus clases con flores y enramadas que con restos de varas ensangrentadas! Haría pintar en ellas el retrato del gozo, la alegría, y a Flora y las Gracias, como hizo en su escuela el filósofo Espeusipo. Donde está el provecho, que estuviera también el deleite. Hay que endulzar los alimentos saludables para el niño, y poner hiel en los perjudiciales.

[...] Por esta razón hay que someter el cuerpo aún dócil a todas las formas y costumbres. Y con tal que se pueda tener el apetito y la voluntad dominados, que valerosamente se haga a un joven adaptado a todas las naciones y compañías, incluso a la desmesura y al exceso, si es necesario. [...] Que pueda hacer todas las cosas, y que solo guste de hacer las buenas.

[...] Sin duda es un gran y hermoso adorno el griego y el latín, pero se compra demasiado caro. Diré aquí un modo de conseguirlo más barato que de costumbre, experimentado en mí mismo. Que lo emplee quien quiera.

A mi difunto padre, que realizó todas las investigaciones que puede hacer un hombre entre las gentes sabias y de juicio sobre la mejor forma de enseñanza, se le hizo notar este inconveniente habitual; y le dijeron que ese tiempo que tardábamos en aprender las lenguas que a ellos nada costaban era la única causa por la que no podíamos alcanzar la perfección de la ciencia de los antiguos griegos y romanos. No creo que esa sea la única causa. En cualquier caso, la solución que mi padre encontró consistió en ponerme, estando todavía con nodriza y antes del primer desarrollo de mi lengua, a cargo de un alemán, que más tarde murió como médico famoso en Francia, completamente ignorante de nuestra lengua y muy versado en la latina. Este hombre, a quien había hecho venir intencionadamente y que estaba muy bien pagado, me tenía siempre en sus brazos. Le acompañaban también otros dos de menor saber que me acompañaban y servían, y ayudaban al primero. No me hablaban otra lengua que la latina. En cuanto al resto de la casa, era una regla inviolable que ni él mismo, ni mi madre, ni criado, ni doncella, hablaran en mi compañía más que palabras en latín que todos habían aprendido para chapurrear conmigo. Es asombroso el provecho que cada uno sacó: mi padre y mi madre aprendieron suficiente latín como para entenderlo, y lo bastante como para utilizarlo en caso de necesidad, al igual que hicieron los demás sirvientes más dedicados a mi servicio. En resumen, nos latinizamos tanto que rebosó hasta llegar a nuestros pueblos de los alrededores, donde hay todavía, y han arraigado mediante el uso, varias apelaciones latinas de artesanos y herramientas. En cuanto a mí, tenía más de seis años y todavía no entendía el francés o el perigordino mejor que el árabe. Y, sin estudio, sin libro, sin gramática o precepto, sin látigo y sin lágrimas, había aprendido el latín, tan puro como lo sabía mi maestro: porque no lo podía tener ni mezclado ni alterado. [...]

En cuanto al griego, del que apenas tengo nociones, mi padre decidió hacérmelo aprender mediante el estudio, pero por un método nuevo, con deleite y ejercicio. Nos lanzábamos las declinaciones como quienes, en algunos juegos de mesa, aprenden aritmética y geometría. Porque, entre otras cosas, le habían aconsejado especialmente hacerme probar la ciencia y el deber sin la voluntad y por propio deseo, y educar mi alma con toda dulzura y libertad, sin rigor ni coacción. Hasta tal escrúpulo, digo, que, porque algunos sostienen que turba al tierno cerebro de los niños despertarlos por la mañana con temor y sobresalto, y arrancarlos del sueño (en el que están mucho más sumergidos que nosotros) de golpe y con violencia, me hacía despertar con el son de algún instrumento; y no faltó jamás un hombre que lo tocara.

Este ejemplo bastará para juzgar el resto, y para elogiar también el juicio, la prudencia y el afecto de un padre tan bueno, al que en ningún modo hay que culpar si no ha recogido los frutos que corresponderían a una cultura tan excelente. Dos cosas fueron la causa: en primer lugar, el campo estéril y desfavorable; porque, aunque gozara de salud firme y plena, y al mismo tiempo de un natural dulce y tratable, era con todo esto tan lento, flojo y perezoso que no podían arrancarme de la holganza, ni siquiera para llevarme a jugar. Lo que veía lo veía bien y, bajo este temperamento torpe, alimentaba atrevidas fantasías y opiniones adelantadas a mi edad. El entendimiento lo tenía lento y solo andaba mientras le empujaran; la comprensión, tardía; la invención, floja; y como remate, una increíble falta de memoria. De todo esto, no es asombroso que no pudiera obtener nada de valor.

Libro I, XXVI: «De la institución de los hijos»

[...] Compararla con el afecto hacia la mujeres, por más que nazca de nuestra elección, no es posible, ni colocarla en esa categoría. Su fuego, lo confieso, es más activo, más agudo y más ávido. Pero es un fuego precipitado y voluble, tornadizo y diverso, fuego febril, sujeto a accesos y remisiones, y que solo nos sujeta por una parte. En la amistad, es un calor general y universal, temperado, en definitiva, e igual, un calor constante y sereno, todo dulzura y elegancia, que no tiene nada de ávido ni desgarrador. Es más, en amor, solo se trata de un deseo enloquecido por aquello que nos rehúye. [...]

Por lo demás, lo que llamamos habitualmente amigos y amistad no son más que frecuentaciones y familiaridades entabladas por alguna circunstancia o algún provecho, por medio de los cuales nuestras almas se mantienen unidas. En la amistad de la que hablo, se mezclan y confunden la una en la otra, en una mezcla tan universal, que borran y ya no encuentran la costura que las ha unido. Si me obligan a decir por qué lo amaba, siento que eso solo puede expresarse respondiendo: «Porque era él, porque era yo».

Hay, más allá de mi reflexión y de lo que pueda decir en particular, no sé qué fuerza inexplicable y fatal, mediadora de esa unión. Nos buscábamos antes de habernos visto y, por relatos que oíamos el uno del otro, que producían en nuestro afecto mayor impresión de lo que por lo normal causan tales relaciones, creo que por alguna orden del cielo; nos abrazamos por medio de nuestros nombres. Y, en el primer encuentro, que fue por casualidad en una gran fiesta y reunión de la ciudad, nos encontramos tan prendados, tan conocidos, tan ligados entre nosotros, que nada desde entonces sentimos más próximo que el uno al otro.

[...] Desde el día en que lo perdí [...], no hago más que deambular languideciente; y los placeres mismos que se me ofrecen, en lugar de consolarme, redoblan en mí el dolor de su pérdida. Íbamos a medias en todo: me parece que le arrebato su parte. [...] Estaba tan hecho y acostumbrado a ser siempre dos que ahora me parece que no soy más que medio.

Libro I, XXVIII: «De la amistad»

Testimonios sobre el Nuevo Mundo

[...] Tuve hace tiempo a mi lado a un hombre que había permanecido diez o doce años en ese otro mundo que se ha descubierto en nuestro siglo, en el lugar donde Villegagnon tomó tierra, al que llamó la Francia Antártica. Este descubrimiento de un país infinito de tierra firme parece ser de consideración. No sé si puedo asegurar que en el futuro no se haga algún otro, con tantos personajes más importantes que nosotros que han errado en relación con este asunto. [...]

Este hombre que tuve cerca era simple y tosco, una condición adecuada para dar un testimonio verdadero: porque las personas de ingenio más fino observan más cosas y con mucho más cuidado, pero las glosan; y, para hacer valer su interpretación y persuadir a los otros no pueden evitar que se altere un poco la historia; nunca os presentan las cosas puras sino que las modifican y enmascaran según la cara que les han visto; y, para dar crédito a su juicio y atraeros a él, de buen grado añaden por tal lado a la materia, la alargan y amplifican. Hace falta o bien un hombre muy fiel, o uno tan simple que no sepa cómo construir y dar verosimilitud a sus invenciones falsas, y que a nada se siente obligado. Así era el mío [...].

[...] Me gustaría que cada cual escribiera sobre lo que sabe, y hasta donde sepa, no solo en esto, sino en cualquier tema: porque tal puede tener algún conocimiento o experiencia particular sobre la naturaleza de un río o una fuente, pero no saber del resto más que los demás. En cualquier caso, para divulgar este retazo, emprenderá la tarea de escribir toda la física. De este vicio surgen varios grandes inconvenientes.

Sin embargo, considero, para volver a mi tema, que no hay nada de bárbaro y salvaje en esa nación, a juzgar por lo que me han contado, sino que cada uno llama barbarie a lo que no es hábito suyo; en realidad, me parece que no tenemos otro punto de referencia respecto a la verdad y la razón que el ejemplo y el modelo de las opiniones del país donde nos encontramos. Ahí está siempre la religión perfecta, el gobierno perfecto, el uso perfecto y acabado de todas las cosas.

[...] Es una nación [...] en la cual no existe ningún

tipo de comercio; ningún conocimiento de letras; ninguna ciencia de números; ningún nombre de magistrado ni autoridad política; ningún uso de servidumbre, riqueza o pobreza; ningún contrato; ninguna sucesión; ninguna división; ninguna ocupación más que las ociosas; ninguna consideración de parentesco más que la corriente; ninguna vestimenta; ninguna agricultura; ningún metal; ningún uso del vino o el trigo. Las palabras mismas que significan mentira, traición, disimulo, avaricia, envidia, murmuración, perdón, son desconocidas.

[...] Todo esto no está demasiado mal: pero, ¡claro!, ¡no llevan calzas!

Libro I, XXXI: «De los caníbales»

De la poesía

[...] ¡Oh! maravilla: tenemos muchos más poetas que jueces y críticos de poesía. Es más fácil hacerla que conocerla. En un nivel bajo, puede juzgársela a partir de los preceptos y la habilidad. Pero la buena, la suprema, la divina, está por encima de las reglas y la razón. Quien contemple su belleza con mirada firme y serena no la ve, como no se ve el resplandor de un rayo. No intenta seducir nuestro juicio; lo rapta y destroza. La pasión que aguijonea a quien sabe penetrarla hiere incluso a un tercero al oírsela evocar o recitar; como el imán atrae no solo una aguja, sino que infunde también en ella la facultad de atraer a las otras. Y se ve más claramente en los teatros, que la inspiración sagrada de las Musas, habiendo excitado primero al poeta hasta la cólera, el dolor, el odio, habiéndole llevado fuera de sí hasta donde ellas han querido, golpea aun a través del poeta y el actor consecutivamente a todo un pueblo. Es el ensartar de nuestras agujas, suspendidas una de otra. Desde mi primera infancia, la poesía ha actuado así, traspasándome y transportándome.

Libro I, XXXVII: «Del joven Catón»

Cómo compone su libro

El juicio es una herramienta para todos los temas, y se cuela en todas partes. Por ello, en estos ensayos que aquí hago, lo empleo en cualquier clase de ocasión. Si es un tema del que nada conozco, por eso mismo lo ensayo, sondeando el paso desde bien lejos; y luego, al encontrarlo demasiado profundo para mi estatura, me mantengo en la orilla; y este reconocimiento de no poder pasar más allá es un rasgo de su efectividad, incluso uno de los que más se jacta. Ya, en un tema vano y sin valor, intento comprobar si encontrará forma de darle cuerpo y con qué sostenerlo y apuntalarlo. Ya lo paseo por un tema noble y muy trabajado, en el que no encuentra nada por sí mismo, al estar el camino tan abierto que solo puede caminar por la pista de otro. Ahí desempeña su papel eligiendo la ruta que mejor le parece, y, de mil senderos, dice que este o aquel ha sido el mejor escogido. Tomo al azar el primer argumento. Todos me son igualmente buenos. Y jamás me propongo tratarlos por entero. [...] De cien miembros y aspectos que cada cosa tiene, tomo uno, ya sea solo para lamerlo, ya para rozarlo, y a veces para pellizcarlo hasta el hueso. Lo penetro, no lo más extensa, sino lo más profundamente que sé. Y casi siempre me gusta elegirlos por algún aspecto inusitado. Me aventuraría a tratar a fondo alguna materia, si me conociera menos. Sembrando una palabra aquí, otra allá, muestras separadas de sus partes, aisladas, sin designio y sin promesa, no estoy obligado a hacerme fiador, ni a mantenerme sin variar, cuando me plazca; y puedo rendirme a la duda y la incertidumbre, y a mi forma maestra, que es la ignorancia.

[...] Todo movimiento nos descubre.

Libro I, L: «De Demócrito y Heráclito»

[...] Si estos ensayos fueran dignos de ser juzgados, podría suceder, a mi entender, que no agradaran a los espíritus comunes y vulgares, ni tampoco a los singulares y excelentes; aquellos no entenderían bastante, estos entenderían demasiado; podrían subsistir en la región intermedia.

Libro I, LIV: «De las vanas sutilezas»

De la inestabilidad del hombre

[...] De los hombres, me creo menos fácilmente la constancia que ninguna otra cosa, y nada con mayor facilidad que la inconstancia. [...]

Nuestro proceder ordinario es ir tras las inclinaciones de nuestro apetito, a izquierda, a derecha, arriba, abajo, según nos lleve el viento de las circunstancias. Solo pensamos lo que queremos en el instante en que lo queremos, y cambiamos del mismo modo que ese animal que adopta el color del lugar donde se lo coloca. Lo que hemos proyectado en este momento, lo cambiamos en el acto, y al instante volvemos otra vez sobre nuestros pasos; no hay más que movimiento e inconstancia. No vamos, nos llevan, al igual que las cosas que flotan, ya suavemente, ya con violencia, según esté el agua agitada o tranquila.

Cada día nueva opinión, y se mueven nuestros humores con los cambios del tiempo.

[...] Y cualquiera que se estudie atentamente encontrará en sí mismo, y hasta en su propio juicio, esta volubilidad y discordancia. Nada tengo que decir de mí de forma entera, simple y sólida, sin confusión y sin mezcla, ni en una palabra. *Distingo* es el término más universal de mi lógica.

[...] Por esto es por lo que, para juzgar a un hombre, hay que seguir larga y cuidadosamente su rastro [...].

[...] No corresponde a una inteligencia serena juzgarnos solo por nuestras acciones exteriores; hay que sondear hasta el interior, y ver por qué resortes se produce el movimiento; pero, dado que es una empresa elevada y arriesgada, quisiera que menos personas se inmiscuyeran.

Libro II, I: «De la inconstancia de nuestras acciones»

Sobre su padre

[...] El porte lo tenía de una gravedad dulce, humilde y muy discreta. Tenía singular cuidado de la integridad y decencia de su persona y su ropa, tanto a pie como a caballo. Extraordinaria lealtad a sus palabras, y una conciencia y un escrúpulo en general con tendencia más a la superstición que al otro extremo. Para ser un hombre de baja estatura, estaba lleno de vigor y con una complexión derecha y bien proporcionada. Un rostro agradable, tirando a moreno. Hábil y excelente en todos los ejercicios nobles. He visto aún cañas rellenas de plomo, con las que dicen que ejercitaba los brazos para entrenarse a lanzar la barra o la piedra, o en la esgrima, y zapatos con suelas de plomo para hacerse más ligero en el correr y saltar. En el salto ha dejado memoria de pequeños milagros. Lo he visto con más de sesenta años burlarse de nuestras habilidades físicas, lanzarse con la toga puesta sobre un caballo, dar la vuelta a la mesa sobre los pulgares, no subir nunca a su habitación sin saltar tres o cuatro escalones a la vez.

Libro II, II: «De la embriaguez»

Sobre su accidente

Aunque nuestra convicción se aplique de buen grado, es difícil que la reflexión y la enseñanza sean lo bastante poderosas como para encaminarnos hasta la acción, si además no ejercitamos y formamos el alma mediante la experiencia a la conducta a la cual queremos conformarla [...]. [...] Pero para morir, que es la tarea más grande que tenemos que realizar, el ejercicio no puede ayudarnos. Podemos, mediante el uso y la experiencia, fortalecernos contra los dolores, la vergüenza, la indigencia y otros tantos accidentes; pero, en cuanto a la muerte, solo podemos probarla una vez; todos somos aprendices cuando llegamos a ella. [...]

De todos modos, me parece que hay algún modo de familiarizarnos con ella y de probarla en cierta medida. Podemos experimentarla, si no entera y perfecta, al menos de tal modo que no sea inútil, y que nos haga más fuertes y seguros. Si no nos es posible alcanzarla, podemos aproximarnos a ella, podemos reconocerla; y, si es imposible llegar hasta su fortaleza, al menos veremos y frecuentaremos sus accesos. No sin razón, se nos suele remitir a nuestro propio sueño, por el parecido que tiene con la muerte.

¡Cuán fácilmente pasamos de la vigilia al sueño! ¡Con qué poco perjuicio perdemos la conciencia de la luz y de nosotros mismos! [...]

Sin embargo, aquellos que han caído por algún accidente violento en desmayo y han perdido en él todos sus sentidos, esos, a mi entender, han estado muy cerca de ver su rostro verdadero y natural; porque, en lo que se refiere al instante y el punto del tránsito, no es de temer que traiga consigo dolor o desagrado alguno, ya que no podemos experimentar placer ni sensación sin tiempo. Nuestros sufrimientos necesitan tiempo, que en la muerte es tan corto y precipitado que por fuerza tiene que ser insensible.

Son sus aproximaciones las que hemos de temer; y puede que estas nos toque vivirlas.

Varias cosas nos parecen más grandes en la imaginación que en la realidad. He pasado una buena parte de mi vida en perfecta y plena salud: digo no solo plena, sino vigorosa y ardiente. Este estado, lleno de juventud y alegría, me hacía sentir tan horrible la consideración de las enfermedades que, cuando he llegado a experimentarlas, he encontrado sus punzadas flojas y blandas comparadas con mi temor.

Esto es lo que siento todos los días: si estoy a cubierto en una buena y cálida sala, en una noche borrascosa y tempestuosa, me conmuevo y aflijo por quienes se encuentran en ese momento en el campo; si soy yo el que está fuera, no deseo estar en otro lado. [...]

Durante nuestros terceros o segundos tumultos (no me acuerdo muy bien), habiendo salido un día a pasear a una legua de mi casa, estoy instalado en realidad en el meollo de todas las revueltas de las guerras civiles de Francia, y creyendo encontrarme en plena seguridad y tan cerca de mi refugio que en modo alguno necesitaba mejor equipaje, elegí un caballo muy dócil, pero no demasiado resistente. A la vuelta, se me presentó inesperadamente una oportunidad de valerme de ese caballo para un servicio que no era del todo el habitual en él, cuando uno de mis criados, alto y fuerte, montado en un poderoso rocín que tenía una boca desencajada, sano por lo demás y vigoroso, para hacerse el valiente y adelantar a sus compañeros, vino a lanzarlo al galope justo en mi camino, y se abalanzó como un coloso sobre este pequeño hombre y su caballito, y a aplastarlo con su fuerza y peso, enviándonos al uno y al otro patas arriba: de tal modo que he aquí al caballo derribado y tumbado completamente aturdido, yo diez o doce pasos más allá, muerto, tendido boca arriba, el rostro todo herido y desollado, la espada, que llevaba en mano, a más de diez pasos, el ceñidor hecho pedazos, sin más movimiento y sentido que un tocón. Es el único desmayo que he sentido hasta esta fecha. Los que estaban conmigo, tras haber intentado por todos los medios hacerme volver en mí, dándome por muerto, me cogieron en brazos y me llevaron con mucha dificultad hasta mi casa, que estaba aproximadamente a media legua francesa de allí. En el camino, y tras haber sido dado por muerto durante más de dos horas largas, empecé a moverme y respirar; pues había caído tanta abundancia de sangre en mi estómago que, para deshacerse de ella, la naturaleza necesitó resucitar sus fuerzas. Me enderezaron y entonces devolví un cubo lleno de coágulos de sangre pura, y hube de hacer lo mismo varias veces por el camino. Con eso empecé a recobrar un poco el sentido, pero fue poco a poco y durante un intervalo de tiempo tan largo que mis primeras sensaciones estaban mucho más cerca de la muerte que de la vida.

Este recuerdo, que tengo muy grabado en mi alma, dibujándome su rostro y su imagen tan próximos al natural, me reconcilia un poco con ella. Cuando empecé a ver, fue con una vista tan nublada, tan débil y tan muerta, que aún no distinguía más que la luz.

En cuanto a las funciones del alma, renacían con el mismo progreso que las del cuerpo. Me vi completamente ensangrentado, porque el jubón estaba todo manchado de la sangre que había devuelto. El primer pensamiento que me vino fue que tenía un arcabuzazo en la cabeza; en realidad, en aquel momento, sonaban varios a nuestro alrededor. Me parecía que la vida me pendía solo del borde de los labios; cerraba los ojos para ayudar, me parecía, a expulsarla, y gozaba languideciendo y dejándome ir. Era una sensación que no dejaba de nadar sobre la superficie de mi alma, tan delicada y débil como todo el resto, pero a decir verdad no solo exenta de dolor, sino mezclada con esa dulzura que sienten quienes se dejan deslizar en el sueño.

Creo que en ese mismo estado se encuentran quienes vemos desfallecientes de debilidad en la agonía de la muerte; y sostengo que los compadecemos sin razón, estimando que estarán agitados por graves dolores, o con el alma abrumada por penosos pensamientos. [...]

Al acercarme a mi casa, donde había corrido ya la alarma de mi caída, y habiendo salido los de la familia a mi encuentro con los gritos acostumbrados en tales casos, no solo respondí alguna que otra palabra a lo que me preguntaban, sino que dicen que me atreví a pedir que dieran un caballo a mi mujer, a quien veía tropezar y fatigarse en el camino, que era montuoso y difícil. Parece que esta consideración habría tenido que salir de un alma despierta; sin embargo no lo estaba en absoluto; eran pensamientos vanos, entre nubes, producidos únicamente por los sentidos de los ojos y los oídos; no venían de mí. No sabía sin embargo ni de dónde venía, ni adónde iba; ni podía apreciar y considerar lo que me preguntaban: son ligeros efectos que los sentidos producían solos, como por costumbre; lo que el alma ponía de su parte, era en sueño, tocada muy ligeramente, y como lamida y rociada solamente por la débil impresión de los sentidos.

No obstante, mi estado era en realidad muy dulce y tranquilo; no sentía aflicción ni por los demás ni por mí; sino una languidez y extrema debilidad, sin dolor alguno. Vi mi casa sin reconocerla. Cuando me acostaron, sentí una infinita dulzura en ese reposo, porque había sido zarandeado de mala manera por esas pobres gentes, que se habían tomado la molestia de llevarme en brazos por un camino largo y muy duro. Me presentaron múltiples remedios, de los cuales no acepté ninguno, teniendo por seguro que estaba herido de muerte en la cabeza. Habría sido, sin mentir, una muerte muy feliz; porque la debilidad de mi razonamiento me impedía juzgar, y la de mi cuerpo, sentir. Me dejaba ir tan dulcemente y de un modo tan débil y tan fácil que no conozco otra acción menos pesada que aquella. Cuando reviví y recobré las fuerzas, dos o tres horas después, en el acto sentí cómo me reenganchaba a los dolores, teniendo los miembros todos molidos y magullados por la caída, y estuve tan mal dos o tres noches después que creí volver a morir otra vez, pero de una muerte más viva; y me resiento todavía de la conmoción de esa magulladura. No quiero olvidar esto, pues lo último de lo que pude recuperarme fue del recuerdo de ese accidente, y me hice repetir varias veces adónde iba, de dónde venía, a qué hora me había sucedido, antes de poder concebirlo. En cuanto al modo de la caída, me la ocultaban en favor de quien había sido la causa, e inventaban otras. Pero mucho tiempo después, cuando la memoria empezó a entreabrirse y representarme el estado en que me vi al descubrir el caballo abalanzándose sobre mí (porque lo había visto a mis talones y me di por muerto, pero ese pensamiento había sido tan repentino que el miedo no tuvo tiempo de nacer), me pareció que era un rayo lo que me sacudía el alma y que volvía del otro mundo.

[...] Es una empresa espinosa, mayor de lo que parece, seguir un paso tan errabundo como el de nuestro espíritu, penetrar en las opacas profundidades de sus repliegues internos, elegir y fijar tantos aspectos menudos de sus agitaciones. Y es una diversión nueva y extraordinaria que nos aleja de las ocupaciones comunes del mundo, sí, y de las más elogiadas. Hace varios años que solo me tengo a mí como objeto de mis pensamientos, que solo me examino y estudio a mí; y, si estudio otra cosa, es para aplicarla enseguida a mí, o en mí, mejor dicho. Y no creo fracasar si, como se hace en las otras ciencias, a no dudarlo menos útiles, divulgo lo que he aprendido en esta; por más que no me contento en absoluto con el progreso que he hecho. No hay descripción igual en dificultad a la descripción de uno mismo, ni a buen seguro en utilidad.

Libro II, VI: «Del ejercicio»

[...] Ahora bien, considerando este simple motivo de amar a nuestros hijos por haberlos engendrado, por el cual los llamamos otros nosotros, me parece que hay otra producción procedente de nosotros que no es de menor estima: porque lo que engendramos por el alma, los alumbramientos de nuestro espíritu, de nuestro valor y capacidad, son producidos por una parte más noble que la corporal y son más nuestros; somos padre y madre a la vez en esa generación; nos cuestan mucho más caro, y nos reportan más honor, si tienen algo de bueno. Porque el valor de nuestros hijos es mucho más suyo que nuestro; la parte que nos corresponde es bien ligera; pero de estos, toda belleza, toda gracia y toda recompensa es nuestra. [...]

Condeno toda violencia en la educación de un alma delicada, que se forma para el honor y la libertad. Hay no sé qué de servil en el rigor y la coacción; y sostengo que lo que no puede lograrse mediante la razón, y con prudencia y habilidad, no se consigue nunca con la fuerza. Así me han educado. Dicen que durante toda mi infancia solo en dos ocasiones probé el látigo, y de manera muy floja. He hecho lo mismo con los hijos que he tenido [...].

El difunto mariscal de Monluc, cuando hubo perdido a su hijo, que murió en la isla de Madeira, en verdad valeroso gentilhombre y de gran promesa, me señalaba, entre otros pesares suyos, el dolor y el desconsuelo que sentía por no haber tenido nunca confianza con él; y, a causa de ese temperamento paternal grave y circunspecto, el haberse perdido el placer de apreciar y conocer bien a su hijo, así como declararle la extrema amistad que le tenía y el digno juicio que hacía de su virtud. «Y ese pobre muchacho —decía— no ha visto de mí más que una actitud ceñuda y llena de indiferencia, y se ha llevado consigo la convicción de que no he sabido ni amarlo, ni estimarlo según su mérito. ¿A quién esperaba descubrir ese singular afecto que le tenía en mi alma? ¿No era él quien debía obtener todo el placer y todo el reconocimiento? Me he forzado y desgarrado por mantener esa máscara vana; y he perdido el placer de su trato, y su benevolencia al mismo tiempo, que no puede haberme dirigido más que una bien fría, no habiendo recibido de mí más que rudeza, ni sentido más que una actitud tiránica.» Encuentro que esta queja era justa y razonable: porque, como sé por una experiencia demasiado cierta, no hay consuelo tan dulce a la pérdida de nuestros amigos como el que nos proporciona la conciencia de no haber olvidado decirles nada y haber tenido con ellos una perfecta y completa confianza.

Libro II, VIII: «Del afecto de los padres por los hijos»

De los libros

No me cabe duda alguna de que hablaré a menudo de cosas que están mejor tratadas en los maestros del oficio, y con mayor verdad. Es este puramente el ensayo de mis facultades naturales, en modo alguno adquiridas; y quien me sorprenda en ignorancia no hará nada contra mí, porque difícilmente responderé ante los demás de mis razonamientos, si ni siquiera respondo ante mí mismo; ni estoy satisfecho de ellos. Quien vaya en busca de ciencia, que la pesque donde se aloja: no hay nada de lo que haga menos profesión. Estas son mis ideas, mediante las cuales no intento dar a conocer las cosas, sino a mí: me serán quizá conocidas un día, o lo han sido en otro tiempo, según si el azar me ha podido llevar a los lugares en que estaban esclarecidas. Pero ya no me acuerdo.

Y, si soy hombre de alguna lectura, soy hombre de nula retención. [...]

Ante las dificultades, si encuentro alguna leyendo, no me quemo las cejas; las dejo ahí, después de haberles lanzado uno o dos asaltos.

Si me detuviera excesivamente, me perdería, yo y mi tiempo: porque tengo un espíritu espontáneo; lo que no veo al primer intento, lo veo menos obstinándome. No hago nada sin alegría; y la insistencia y la concentración demasiado firme ciega mi juicio, lo contraría y lo cansa. Mi vista se confunde y se pierde. Hace falta que lo retire y lo vuelva a poner varias veces [...].

Si un libro me irrita, cojo otro; y solo me dedico a él en las horas en que el aburrimiento de no hacer nada empieza a apoderarse de mí.

[...] La ciencia y la verdad pueden alojarse en nosotros sin juicio, y el juicio puede estar también sin ellas; y, es más, el reconocimiento de la ignorancia es uno de los más hermosos y seguros testimonios de juicio que conozco. No tengo otro sargento de tropa para formar mis partes que el azar. A medida que mis pensamientos se presentan, los apilo; ora se presentan en tropel, ora se arrastran en fila. Quiero que se vea mi paso natural y común, tan desordenado como es. Me dejo ir según me encuentre [...].

Libro II, X: «De los libros»

De la opinión

[...] ¡Cuán diversamente juzgamos las cosas! ¡Cuántas veces cambiamos nuestros pensamientos! Lo que sostengo hoy y lo que creo, lo sostengo y lo creo con toda mi convicción; todos mis instrumentos y mis fuerzas apuntalan esa opinión y me apoyan en la medida en que pueden. No sabría abrazar ninguna verdad ni conservarla con mayor fuerza que como hago con esta. En ella estoy por entero, en ella estoy verdaderamente; pero ¿no me ha ocurrido, no una vez, sino cien o mil, y todos los días, haber adoptado alguna otra idea con todos esos mismos instrumentos, de ese mismo modo que después he considerado falsa? Al menos hay que hacerse sabio a costa de uno mismo. Si me he visto a menudo traicionado de esta forma, si mi nota se revela de ordinario falsa, y mi balanza desigual y errónea, ¿qué mayor seguridad puedo tener esta vez que las otras? ¿No es tontería dejarme engañar tantas veces por un mismo guía? Aunque el azar nos mueva quinientas veces de sitio, y no haga más que vaciar y llenar sin cesar, como en un recipiente, en nuestra convicción más y más opiniones, siempre la actual y última es la cierta e infalible. Por ella hay que abandonar los bienes, el honor, la vida y la salud, y todo. [...]

Yo, que me espío de más cerca, que tengo los ojos dirigidos hacia mí incesantemente, como quien no tiene mucho que hacer en otra parte, difícilmente me atrevería a proclamar la vanidad y debilidad que encuentro en mí. Tengo el pie tan inestable y poco firme, lo considero tan propenso a caer y tan presto al movimiento, y mi vista tan imprecisa, que en ayunas me siento otro distinto al de después de comer; si me sonríe la salud y la claridad de un hermoso día, heme aquí hombre de bien; si tengo un callo que me hace daño en el dedo del pie, heme aquí ceñudo, intratable y huraño. Un mismo paso de caballo me parece de pronto rudo, de pronto agradable, e incluso el camino en este instante más corto, otra vez más largo, y una misma forma unas veces más, otras menos agradable. Ahora estoy dispuesto a hacerlo todo, luego a no hacer nada; lo que me es placer en este momento, me será en algún otro penoso. Se producen mil agitaciones desmedidas y casuales dentro de mí. O me atrapa el humor melancólico, o lo hace el colérico; y con su íntima autoridad en este instante el pesar predomina en mí, un instante después, la alegría. Al coger algunos libros, encontraré en tal pasaje gracias excelentes que me cautivarán el alma; al volver a encontrarlo en otra ocasión, por más que lo remire y dé vueltas, por más que lo doble y palpe, es una masa desconocida e informe para mí. En mis propios escritos no siempre encuentro el aire de la primera opinión: no sé lo que quise decir y me esfuerzo a menudo en corregir y poner un nuevo sentido, por haber perdido el primero, que era mejor. No hago más que ir y venir: mi juicio no siempre avanza; flota, vaga. Ahora (como acostumbra a sucederme), una vez he decidido por ejercicio y por diversión mantener una opinión contraria a la mía, mi espíritu, aplicándose e inclinándose en ese sentido, se apega tanto a ella que ya no encuentro la razón del primer parecer, y lo abandono. Me deslizo así hacia donde me inclino, de la forma que sea, y me dejo llevar por mi propio peso.

Cada uno podrá decir más o menos lo mismo de sí, si se examina como yo.

[...] Por último, ninguna existencia es permanente, ni la de nuestro ser, ni la de los objetos; y nosotros, y nuestro juicio, y todas las cosas mortales, vamos pasando y rodando sin cesar: de manera que nada seguro puede establecerse de uno a otro, pues tanto el juzgador como lo juzgado están en movimiento y mutación continuos.

No guardamos relación alguna con el ser, porque toda naturaleza humana se encuentra siempre entre el nacer y el morir, sin manifestar de sí más que una oscura apariencia y sombra, y una incierta y débil opinión. Y si, por azar, ponéis vuestro pensamiento a querer concebir su ser, vendría a ser ni más ni menos como quien quisiera agarrar el agua: cuanto más apriete y presione lo que por su naturaleza fluye por todas partes, más se perderá lo que quería coger y agarrar. De este modo, al estar todas las cosas sujetas a mudanza, la razón, que busca en ellas una subsistencia real, se ve engañada, y no puede aprehender nada sólido y permanente, porque todo o viene a ser y todavía no es plenamente, o empieza a morir antes de haber nacido.

Libro II, XII: «Apología de Raimundo Sabunde»

Su casa sin defensa durante la guerra civil

[...] *«Furem signata sollicitant. Aperta effractarius præterit»* [«Las cerraduras atraen a los ladrones. Quien roba con violencia no entra en las casas abiertas.» Séneca, *Epístolas*, 68]. Quizá contribuya la facilidad, entre otros medios, a proteger mi casa de la violencia de las guerras civiles. La defensa atrae la acción, y la desconfianza el ataque. He reducido el propósito de los soldados, restando a sus hazañas el riesgo y la ocasión de gloria militar, que acostumbra a servirles de título y excusa. En tiempos en que la justicia está muerta, lo que se hace con valor se hace siempre con honra. Les hago la conquista de mi casa débil y vil. No está cerrada a nadie que llegue. No hay otra custodia que un portero a la antigua usanza y ceremonia, que no sirve tanto para defender mi puerta como para ofrecerla más decorosa y amablemente. No tengo más guardia ni centinela que la que los astros hacen por mí.

Un gentilhombre se equivoca al hacer gala de su capacidad de defensa, si no es completa. Quien tiene un lado descubierto los tiene todos. Nuestros padres no pensaron en construir emplazamientos de frontera. Los medios para asaltar, me refiero sin artillería y sin ejército, y sorprender nuestras casas crecen todos los días por encima de los medios para protegerlas. Los ingenios se aguzan generalmente de ese lado. La invasión afecta a todos. La defensa no, solo a los ricos. La mía era fuerte en la época en que fue construida. Por ese lado nada he añadido, y temería que su fuerza se volviera contra mí; a lo que debe sumarse que un tiempo de paz requerirá desfortificarlas. Es peligroso no poder recuperarlas. Y es difícil sentirse seguro.

Porque, en materia de guerras internas, vuestro propio criado puede ser del partido que teméis. Y cuando la religión sirve de pretexto, ni siquiera los propios parientes, bajo apariencia de justicia, resultan fiables. Las finanzas públicas no han de mantener nuestras guarniciones domésticas: se agotarían. No tenemos medios para hacerlo sin nuestra ruina o, más insoportable e injustamente, la del pueblo. [...] Que tantas casas protegidas se hayan perdido, cuando esta dura, me hace sospechar que se perdieron porque estaban protegidas. Este hecho parece despertar el odio y ofrecer motivos al asaltante. Toda guardia lleva rostro de guerra. Que se lance quienquiera, si lo quiere Dios, contra mí; pero en ningún caso seré yo quien lo llame. Es el retiro para descansar de las guerras. Intento sustraer este rincón de la tormenta pública, al igual que resguardo en otro rincón a mi alma. Nuestra guerra puede cambiar de formas, multiplicarse y diversificarse en nuevos partidos, yo no me muevo. Entre tantas casas armadas, solo yo, que yo sepa en Francia, entre los de mi condición, he confiado completamente al Cielo la protección de la mía, y nunca he escondido vajilla de plata, ni título de propiedad. No quiero ni temer ni salvarme a medias. Si el confesarme abiertamente consigue el favor divino, me durará hasta el final; si no, ya he durado bastante como para hacer mi vida notable y registrable. ¿Cómo? Hace ya treinta años.

Libro II, XV:
«Nuestro deseo se acrecienta con la dificultad»

Su manera de escribir y hablar

Porque, en verdad, en lo que respecta a las obras del espíritu, sean del modo que sean, nunca ha salido de mí cosa que me contentara; y tampoco la aprobación de los demás me satisface. Tengo el juicio descontentadizo y difícil, particularmente en lo que a mí se refiere; me retracto sin cesar; siento que floto y me doblo de debilidad. No cuento con nada mío con lo que satisfacer mi juicio. Tengo la vista bastante clara y afinada, pero al trabajar se enturbia: así lo noto de manera más obvia en la poesía; la amo infinitamente, conozco bastante las obras de los demás; pero hago, en verdad, puerilidades cuando me pongo a ello; no puedo sufrirme. Se puede hacer el tonto en todo lo demás, pero no en poesía. [...]

Siempre tengo una idea en el alma y otra confusa, como en sueño, que me presenta una forma mejor que la que tengo en marcha, pero sin poder atraparla ni explotarla. E incluso esa idea mejor es apenas mediana. Reconozco con ello que las producciones de las almas superiores y dotadas del pasado se encuentran mucho más allá del horizonte de mi imaginación y deseo. Sus escritos no solo me satisfacen y me llenan, sino que me conmueven y admiran plenamente. Juzgo su belleza; la veo, si no hasta el fondo, al menos hasta el punto al que me es posible aspirar. Emprenda lo que emprenda, debo un sacrificio a las Gracias, como dice Plutarco de alguien, para conseguir su favor. [...] Me abandonan en todo; todo en mí es grosero, hay falta de gracia y belleza, y en nada ayuda mi trabajo a la materia. Por eso necesito que esta sea fuerte, con mucha garra y que luzca por sí sola. [...]

Por lo demás, mi lenguaje no tiene nada de fácil y elegante: es áspero y desdeñoso, de disposición libre y desordenada, y me place así no tanto por mi juicio, cuanto por mi inclinación. Pero siento a las claras que a veces me dejo ir demasiado, que a fuerza de querer evitar el artificio y la afectación, caigo en otro extremo.

Libro II, XVII: «De la presunción»

De la belleza

La belleza es un elemento de gran estima en las relaciones entre los hombres; es el primer medio de conciliación de los unos con los otros, y no hay hombre tan bárbaro y huraño que no se sienta en absoluto conmovido por su dulzura. El cuerpo tiene una gran parte en nuestro ser, en él ocupa un gran puesto; por ello su estructura y composición son de muy justa consideración. Quienes quieren separar nuestras dos partes principales y apartarlas la una de la otra se equivocan: al contrario, hay que reacoplarlas y reunirlas. Hay que ordenar al alma no que se retire aparte, que se ocupe en otro lado, que desprecie y abandone el cuerpo (además no sabría hacerlo más que por medio de alguna simulación falaz), sino que se una a él, que lo abrace, lo quiera, lo asista, lo controle, lo aconseje, lo enderece y lo devuelva cuando se extravíe, lo espose en suma y le sirva de marido; para que sus actos no parezcan diversos y contrarios, sino acordes y uniformes. Los cristianos tienen una enseñanza particular sobre esta unión: porque saben que la justicia divina abraza esta alianza y unión del cuerpo y alma, hasta hacer el cuerpo capaz de recompensas eternas; y que Dios observa al hombre completo, y quiere que por entero reciba el castigo, o la recompensa, según sus méritos.

La secta peripatética, la más civilizada de todas las sectas, atribuye a la sabiduría la única finalidad de proveer y procurar el bien en común de las dos partes asociadas: y muestra que las otras sectas, por no haber atendido lo necesario a la consideración de tal integración, se han escindido, esta en favor del cuerpo, aquella en favor del alma, con igual error, y se han alejado de su objeto, que es el hombre, y su guía, que confiesan en general ser la naturaleza.

La primera distinción que existió entre los hombres, y la primera consideración que dio las preminencias a los unos sobre los otros, es verosímil que fuera la ventaja de la belleza.

Ibidem

Tengo [...] la salud fuerte y vigorosa, hasta bien avanzado en mi edad, raramente turbada por las enfermedades. Era así, porque ya no lo considero ahora, que me he adentrado en los caminos de la vejez, habiendo desde hace tiempo franqueado los cuarenta. Lo que seré en adelante, será solo medio ser, ya no será yo; me escapo todos los días y me sustraigo a mí mismo.

Destreza y agilidad, nunca he tenido; sin embargo, soy hijo de un padre muy ágil y con un vigor que le duró hasta la extrema vejez. No encontró nunca hombre de su condición que se le igualara en cualquier ejercicio del cuerpo: como no he encontrado nunca nadie que no me sobrepasara, salvo en correr (donde era de los medianos). De la música, ni con la voz, que tengo muy inepta, ni con los instrumentos, me han podido enseñar nunca nada. En la danza, la pelota, la lucha, solo he podido conseguir una habilidad bien ligera y común; en nadar, esgrimir, voltear y saltar, una completa nulidad. Las manos las tengo tan torpes que no sé escribir siquiera para mí: de modo que, lo que he garabateado, prefiero rehacerlo que molestarme en desembrollarlo; y no leo mucho mejor. Me siento pesar a los oyentes. Por lo demás, muy instruido. No sé cerrar correctamente una carta, ni he sabido nunca afilar una pluma, ni trinchar en la mesa correctamente, ni equipar un caballo con los arneses, ni portar en el puño un pájaro y soltarlo, ni hablar a los perros, los pájaros, los caballos.

Mis características corporales son en suma muy

acordes con las de mi alma: no hay nada ágil: solo hay un vigor pleno y firme. Resisto bien la fatiga; pero resisto si la provoco yo mismo y mientras me guía mi deseo. De otro modo, si no estoy atraído por algún placer, y si no tengo otro guía que mi pura y libre voluntad, no valgo nada: porque estoy en el punto en que, salvo la salud y la vida, no hay cosa que quiera comprar al precio del tormento de espíritu y la coacción [...].

Tengo un alma muy particular, acostumbrada a comportarse a su antojo. No habiendo tenido hasta este momento ni jefe ni señor impuesto, he avanzado tanto como me ha placido y al paso que me ha placido. Esto me ha ablandado y convertido en inútil para el servicio a los demás y no me ha hecho bueno más que para mí. [...]

[...] Pocas pasiones me han alterado el sueño; pero, de las deliberaciones, hasta la más pequeña me lo turba. De tal modo que de los caminos, evito de ordinario los lugares empinados y resbaladizos, y me lanzo en el trillado más enfangado y hundidizo, de donde no pueda ir más abajo, y ahí busco seguridad [...].

Ibidem

De la falsedad

[...] Porque, en cuanto a esta nueva facultad de fingimiento y disimulo que está actualmente tan en alza, la odio a muerte, y, de todos los vicios, no encuentro ninguno que sea muestra de tanta cobardía y bajeza de corazón. Es una disposición cobarde y servil disfrazarse y esconderse bajo una máscara, y no osar hacerse ver tal como uno es. De este modo nuestros contemporáneos se educan en la perfidia: siendo adiestrados a proferir palabras falsas, no tienen escrúpulo en faltar a ellas. Un corazón noble no debe contradecir sus pensamientos; desea hacerse ver hasta en el interior. O todo es bueno en él, o al menos todo es humano.

Aristóteles estima rasgo de magnanimidad odiar y amar al descubierto, juzgar, hablar con toda franqueza, y, a cambio de la verdad, no hacer caso de la aprobación o reprobación ajenas.

Apolonio decía que correspondía a los siervos mentir y a los libres decir la verdad.

Es la cualidad primera y fundamental de la virtud. Hay que amarla por sí misma. Quien dice la verdad porque está por otro lado obligado y porque le es útil, y quien no teme mentir, cuando no importa a nadie, no son suficientemente francos. Mi alma, por su complexión, rehúye la mentira y repudia aun pensarla.

Siento una vergüenza interna y un remordimiento punzante si alguna vez se me escapa, como a veces se me escapa, cuando las ocasiones me sorprenden y sacuden de improviso.

No hay que decirlo siempre todo, porque sería necedad; pero lo que se dice, tiene que ser tal como se piensa, de otro modo es maldad. No sé qué provecho esperan de fingir y simular sin cesar, si no es el de no ser creídos aun cuando digan la verdad [...].

Ibidem

[...] Es la memoria un instrumento de utilidad asombrosa y sin el cual el juicio difícilmente cumple su cometido; carezco de ella por completo. Lo que quiera proponérseme, tiene que ser por partes. Porque responder a un discurso que contenga diversos puntos no entra dentro de mi capacidad. No sabría recibir un encargo sin tomar notas. Y cuando debo pronunciar un discurso importante, si es de prolongada extensión, me veo obligado a esa vil y miserable necesidad de aprender de memoria, palabra por palabra, lo que tengo que decir; de otro modo no tendría empaque ni seguridad, por miedo a que mi memoria me jugara una mala pasada. Sin embargo ese medio me resulta no menos difícil. Para aprender tres versos, necesito tres horas; y además, en una obra propia, la libertad y autoridad de mover el orden, de cambiar una palabra, variando sin cesar la materia, la hace más difícil de concebir. Ahora bien, cuanto más desconfío, más se altera; me sirve mejor por azar, tengo que solicitarla despreocupadamente: porque si la fuerzo, se estremece; y desde que ha empezado a tambalearse, cuanto más la sondeo, más tropieza y se azora; me sirve cuando quiere, no cuando quiero yo.

Esto que siento respecto a la memoria lo siento en otras varias partes. Huyo del precepto, la obligación y la coacción. Basta con que, lo que hago fácil y naturalmente, me proponga hacerlo por una orden expresa e impuesta, para que no sepa hacerlo. En el cuerpo mismo, los miembros que tienen alguna libertad y jurisdicción más particular sobre ellos mismos me niegan a veces su obediencia cuando los destino y aplico en cierto lugar y hora a un servicio necesario. [...] Un hombre que piensa en otra cosa no dejará, con una pulgada de diferencia, de hacer siempre un mismo número y medida de pasos en el lugar por el que se pasea; pero, si se propone medirlos y contarlos, descubrirá que lo que hacía por naturaleza y azar, no lo hará tan exactamente por designio.

Mi biblioteca, que es una de las bibliotecas más hermosas del pueblo, está situada en una esquina de mi casa. Si se me ocurre algo que quiera ir a buscar o escribir, por miedo a que se me escape con cruzar solo el patio, tengo que entregarlo en custodia a otra persona. Si me atrevo, hablando, a desviarme por poco que sea de mi hilo, nunca dejo de perderlo: lo que hace que sea, en mis discursos, forzado, seco y apretado. A las personas que me sirven tengo que llamarlas por el nombre de sus cargos o de su país, porque me es muy difícil retener los nombres. Podré decir que tiene tres sílabas, que el sonido es áspero, que empieza o termina por tal letra; y si viviera mucho tiempo, no creo que no olvidara mi propio nombre, como han hecho otros.

Ibidem

Su ignorancia

No hay ningún alma tan débil y rudimentaria que en ella no se vea relucir alguna facultad particular; no hay ninguna tan enterrada que no emerja por algún lado. El porqué de que un alma, ciega y dormida a todas las demás cosas, se encuentre viva, clara y excelente en cierta cuestión particular hay que preguntarlo a los maestros; pero las almas bellas son las almas universales, abiertas y dispuestas a todo; si no instruidas, al menos instruibles: lo cual digo para atacar la mía; porque, sea por debilidad o indiferencia (y desdeñar lo que está a nuestros pies, lo que tenemos entre manos, lo que más directamente influye en la experiencia de la vida, es cosa muy alejada de mi opinión), no hay ninguna tan inepta y tan ignorante como la mía en diversas cosas corrientes y que no pueden sin vergüenza ignorarse. Es necesario que cuente algunos ejemplos.

He nacido y me he formado en los campos y entre la labranza; tengo propiedades y una administración en mano, desde que quienes me precedían en la posesión de los bienes de que gozo dejaron su lugar. Ahora bien, no sé contar ni con fichas ni con pluma; la mayoría de nuestras monedas no las conozco; ni sé la diferencia entre un grano y otro, ni en la tierra, ni en el granero, si no es demasiado aparente, ni siquiera las diferencias entre coles y lechugas de mi huerto. Ni siquiera conozco los nombres de los principales instrumentos de la casa, ni los más sencillos principios de la agricultura, que los niños saben; menos en las artes mecánicas, en el comercio y en el conocimiento de las mercancías, diversidad y naturaleza de los frutos, los vinos, las carnes, ni en adiestrar un pájaro, ni en curar un caballo o un perro. Y, ya que tengo que avergonzarme por completo, no hace un mes que me sorprendieron ignorante del modo en que la levadura servía para hacer el pan [...].

Ibidem

De la salud

La salud es una cosa preciosa, y la única que en verdad merece que empleemos, no solo el tiempo, el sudor, la fatiga, los bienes, sino incluso la vida en su búsqueda; tanto más cuanto que sin ella la vida se nos hace penosa e injusta. La voluptuosidad, la sabiduría, el conocimiento y la virtud, sin ella, se apagan y se desvanecen [...].

[...] Cierto, no tengo el corazón tan inflado, ni tan ventoso, que un placer sólido, carnoso y suave como la salud, vaya a cambiarlo por un placer imaginario, espiritual y aéreo. La gloria, incluso la de los cuatro hijos de Aymón, está comprada a un precio demasiado caro para un hombre de mi temperamento, si le cuesta tres buenos accesos de cólico. ¡La salud, por Dios!

Libro II, XXXVII:
«Del parecido de los hijos con los padres»

El hombre, mezcla de cualidades

Nuestro sistema, tanto público como privado, está lleno de imperfecciones. Pero no hay nada inútil en la naturaleza; ni siquiera la propia inutilidad; en este universo no se ha introducido nada que no ocupe lugar oportuno. Nuestro ser está cimentado en cualidades enfermizas: la ambición, la envidia, el odio, la venganza, la superstición, la desesperación, habitan en nosotros con un dominio tan natural que la imagen se reconoce también en los animales; e incluso la crueldad, vicio tan desnaturalizado; porque, en medio de la compasión, sentimos dentro no sé qué agridulce punta de voluptuosidad maligna viendo sufrir a los demás; los niños la sienten. De tales cualidades quien quitara las semillas en el hombre destruiría las condiciones fundamentales de nuestra vida. Del mismo modo, en toda sociedad, hay oficios necesarios, no solo abyectos, sino aun perversos: los vicios encuentran su lugar y se dedican a la costura de nuestra unión, como los venenos a la conservación de la salud. Si se hacen excusables, ya que los necesitamos y la necesidad común borra su verdadera cualidad, hay que dejar desempeñar esta parte a los ciudadanos más robustos y menos temerosos que sacrifican el honor y la conciencia, como aquellos otros antiguos sacrificaron la vida por la salvación de su país; nosotros, los más débiles, asumamos funciones más fáciles y menos arriesgadas. El bien público exige que se traicione, que se mienta y que se mate, dejemos esta misión a personas más obedientes y dóciles.

Libro III, I: «De lo útil y de lo honrado»

Otros forman al hombre; yo lo describo y represento a uno particular bastante mal formado, y que, si tuviera que moldear de nuevo, haría en verdad muy diferente de cómo es. Ahora ya está hecho. Pero los trazos de mi pintura en absoluto se alejan de la verdad, aunque cambien y se diversifiquen. El mundo es un columpio perpetuo: todas las cosas se mueven sin cesar, la tierra, las rocas del Cáucaso, las pirámides de Egipto, siguiendo tanto el movimiento universal como el propio. Incluso la constancia no es otra cosa que un movimiento más débil. No puedo asegurar mi objeto. Va confuso y errante, con una embriaguez natural. Lo tomo en este punto, tal como es, en el instante en que me ocupo de él. No describo el ser. Describo el pasaje: no un pasaje de una edad a otra, o, como dice el pueblo, de siete en siete años, sino día a día, minuto a minuto. Hay que ajustar mi historia al momento. Podría cambiar de pronto, no solo por azar, sino también por intención. Es un registro de accidentes diversos y mudables y de pensamientos indecisos y, llegado el caso, contrarios; bien porque sea otro yo mismo, bien porque tome los temas según otras circunstancias y consideraciones. Lo cierto es que me contradigo bastante al azar, pero a la verdad, como decía Démades, no la contradigo. Si mi alma pudiera fijarse, no me ensayaría, me resolvería; siempre está en aprendizaje y en prueba.

Presento una vida humilde y sin lustre, es lo mismo. Es posible aplicar toda la filosofía moral tanto a una vida ordinaria y privada como a una vida de clase más rica; cada hombre encierra la forma entera de la condición humana.

[...] El vicio deja, como una úlcera en la carne, un arrepentimiento en el alma, que siempre se rasguña y se ensangrienta solo. Porque la razón borra las otras tristezas y los otros dolores, pero engendra el del arrepentimiento, que es más grave, ya que nace de dentro; como el frío y el calor de las fiebres son más punzantes que los que vienen de fuera. [...]

De modo similar, no hay bondad que no alegre a una naturaleza bien nacida. Hay en verdad en hacer el bien no sé qué satisfacción que nos alegra dentro de nosotros mismos, y un orgullo generoso que acompaña la buena conciencia. Un alma decididamente viciosa puede quizá procurarse seguridad, pero de esta complacencia y satisfacción no puede abastecerse. No es placer ligero sentirse a salvo del contagio de un siglo tan deteriorado, y decirse: «Quien viera hasta mi alma, no me encontraría culpable, ni de aflicción y ruina de nadie, ni de venganza u odio, ni de ofensa pública de las leyes, ni de improvisación y desorden, ni de falta a mi palabra; y aunque este tiempo licencioso lo permite y lo enseña a todos, no he puesto la mano ni en los bienes ni en la bolsa de hombre francés, y solo he vivido de la mía, tanto en la guerra como en la paz, ni me he servido del trabajo de nadie sin salario». [...]

[...] Podemos desaprobar y retractarnos de los vicios que nos sorprenden y hacia los cuales nos arrastran las pasiones; pero aquellos que por larga costumbre están enraizados y anclados en una voluntad fuerte y vigorosa no están sujetos a contradicción. El arrepentimiento no es más que un desdecirse de nuestra voluntad y una oposición de nuestras ideas que nos desvía en todo sentido. Hace desaprobar a este la virtud pasada y la continencia [...].

[...] Esas cualidades originales no se extirpan, se cubren, se esconden. La lengua latina me es como natural, la comprendo mejor que el francés, pero hace cuarenta años que en absoluto la he utilizado para hablar, ni apenas para escribir; si bien en emociones súbitas y extremas en las que he caído dos o tres veces en mi vida, y, una, viendo a mi padre completamente sano desplomarse sobre mí desvanecido, siempre he lanzado del fondo de mis entrañas las primeras palabras latinas; surgiendo la naturaleza y expresándose a la fuerza, en contra de un hábito tan grande. [...]

[...] Mirad cómo se comporta nuestra experiencia: no hay nadie, si se escucha, que no descubra en sí una forma suya, una forma maestra, que lucha contra el artificio y la educación, y contra las tormentas de las pasiones que le son contrarias. [...]

[...] Pero esos otros pecados tantas veces retomados, meditados y deliberados, o pecados de constitución, incluso pecados de profesión y oficio, no puedo concebir que estén plantados tanto tiempo en un mismo corazón sin que la razón y la conciencia de quien los posee lo quiera permanentemente y así lo comprenda; y ese arrepentimiento que presume que le viene en un momento dado me es un poco difícil de imaginar y concebir.

[...] No encuentro ninguna cualidad tan fácil de

simular como la devoción, si no se conforman a ella las costumbres y la vida; su esencia es abstrusa y oculta; las apariencias, fáciles y pomposas.

En cuanto a mí, puedo desear en general ser otro; puedo condenar y estar descontento con mi forma universal, y suplicar a Dios por mi completa reforma y por la excusa de mi debilidad natural; pero a eso no debo llamarlo arrepentimiento, me parece, no más que el pesar por no ser ángel ni Catón. [...] Cuando comparo la conducta de mi juventud con mi vejez, encuentro que he obrado generalmente con orden, a mi entender; es todo cuanto puede mi resistencia. No me halago: en circunstancias semejantes, seré siempre así. No es una mancha, es más bien un tinte universal lo que me cubre. No conozco ningún arrepentimiento superficial, mediano y de ceremonia: tiene que afectarme por todos lados antes de que lo llame así, y pellizcarme las entrañas y afligirlas tan profundamente como Dios me ve, y tan universalmente. [...]

Por lo demás, odio ese arrepentimiento accidental que trae la edad. Aquel que decía antiguamente estar agradecido a los años porque lo habrían librado de la voluptuosidad tenía otra opinión que la mía: nunca agradeceré a la impotencia ningún bien que me haga. Nuestros apetitos son raros en la vejez; una profunda saciedad se apodera de nosotros a continuación; en eso no veo parte de la conciencia; el pesar y la debilidad nos imprimen una virtud floja y catarrosa. No debemos dejarnos llevar de modo tan completo por las alteraciones naturales, como para que envilezcan nuestro juicio. La juventud y el placer no hicieron en otro tiempo que desconociera el rostro del vicio en la voluptuosidad; ni hace ahora la desgana que los años me traen que desconozca el de la voluptuosidad en el vicio. Ahora que ya no estoy, juzgo como si estuviera. Yo que sacudo mi razón con fuerza y atención, encuentro que es la misma que tenía en la edad más licenciosa [...]. Que le devuelvan esa antigua concupiscencia, temo que tendría menos fuerza para sostenerla que la que tenía antes. No la veo juzgar nada aparte de sí, que entonces no juzgara; ni ninguna nueva claridad. Por lo cual, si hay convalecencia, es una convalecencia enfermiza.

[...] He avanzado cuanto he podido hacia mi corrección y disciplina cuando tenía de qué gozar. Me avergonzaría y odiaría que la miseria e infortunio de la vejez se prefiriera a mis buenos años sanos, despiertos, vigorosos; y que se me tuviera que estimar no por aquello que fui, sino por aquello que dejé de ser.

[...] Renuncio pues a esas reformas casuales y dolorosas.

Es necesario que Dios nos toque el corazón, que la conciencia se enmiende ella misma mediante el refuerzo de la razón, no mediante el desfallecimiento de las fuerzas. La voluptuosidad no es en sí ni pálida ni descolorida, por el hecho de ser percibida con ojos legañosos y confusos. Hay que amar la templanza por ella misma y por respeto a Dios, que nos la ha ordenado, y la castidad; la que los catarros nos prestan y que debo a mi cólico no es castidad ni templanza. No podemos presumir de despreciar y combatir la voluptuosidad si no la vemos, si la ignoramos, a ella y a sus gracias, sus fuerzas y su belleza más atractiva. Conozco tanto a una como a otra, debo decirlo. Pero me parece que en la vejez nuestras almas están sujetas a enfermedades e imperfecciones más inoportunas que en la juventud. Lo decía de joven, cuando se burlaban de mí por mocoso. Lo sigo diciendo ahora que el pelo cano me da crédito. Llamamos sabiduría a la dificultad de nuestros gustos, a la desgana de las cosas presentes. Pero, en verdad, no abandonamos tanto los vicios como los cambiamos, y, en mi opinión, para peor. Además de un orgullo tonto y caduco, una cháchara aburrida, esos gustos espinosos y asociales, y la superstición, y un esfuerzo ridículo por las riquezas cuando se ha perdido su uso, encuentro en ella más odio, injusticia y malignidad. Nos coloca más arrugas en el espíritu que en la cara; y no se ven almas, o muy raras, que al envejecer no huelan a agrio y a enmohecido.

Libro III, II: «Del arrepentimiento»

De la vejez

¡Qué metamorfosis la veo realizar todos los días en varios de mis conocidos! Es una enfermedad poderosa y que se desliza natural e imperceptiblemente. Se precisa gran cantidad de estudio y gran precaución para evitar las imperfecciones con que nos carga, o al menos mitigar sus progresos. Siento que, a pesar de todos mis atrincheramientos, vence paso a paso sobre mí. Resisto cuanto puedo, pero no sé al final adónde me llevará. En cualquier caso, me alegro de que se sepa dónde habré caído.

Ibidem

De los tres comercios

DE LOS AMIGOS

[...] El fin de este comercio es simplemente la familiaridad, la frecuentación y la discusión: el ejercicio de las almas, sin otro fruto. En nuestros discursos, todos los temas me son iguales; no me importa que no haya peso ni profundidad; la gracia y la pertinencia están siempre; todo está teñido de un juicio maduro y constante, y entreverado de bondad, franqueza, alegría y amistad. No es solo con ocasión de las delegaciones cuando nuestro espíritu muestra su belleza y su fuerza, y en los asuntos del rey; las manifiesta también en las conversaciones privadas. Conozco a mis gentes incluso por el silencio y la sonrisa, y los descubro mejor, quizá, en la mesa que en el consejo. [...]

DE LAS MUJERES

Es también para mí un dulce comercio el de las mujeres hermosas y honradas. [...] Es locura destinarle todos los pensamientos y acometerlo con una pasión furiosa e indiscreta. Pero, por otra parte, mezclarse en él sin amor y sin obligación de voluntad, al igual que comediantes, para jugar un papel común a la edad y la costumbre y no poner nada propio más que las palabras, es en verdad asegurarse la seguridad, pero muy ruinmente [...].

DE LOS LIBROS

[...] Apenas los utilizo más, en efecto, que los que no los conocen. Disfruto de ellos, como los avaros de los tesoros, sabiendo que podré disfrutarlos cuando me plazca; mi alma se serena y contenta con ese derecho de posesión. No viajo sin libros ni en la paz ni en la guerra. De todos modos, pasarán varios días y meses sin que los emplee: «Será ahora, digo, o mañana, o cuando me plazca». El tiempo corre y se va, mientras tanto, sin herirme. Porque no puede decirse cuánto reposo y descanso con esta consideración, teniéndolos a mi lado para darme placer cuando desee, y reconociendo cuánto socorro traen a mi vida. Es la mejor provisión que he encontrado en este viaje humano, y compadezco muchísimo a los hombres de entendimiento que están privados de ella. Acepto mejor cualquier otra clase de distracción, por ligera que sea, dado que esta no puede faltarme.

En mi casa, me refugio más a menudo en mi biblioteca, desde donde a la vez dirijo la hacienda. Estoy sobre la entrada y veo debajo el jardín, el corral, el patio, y la mayoría de las partes de la casa. Ahí, hojeo ahora un libro, ahora otro, sin orden ni concierto, de forma deshilvanada; ya sueño, ya pongo por escrito y dicto, paseándome, estas mis fantasías.

Está en el tercer piso de una torre. El primero es la capilla, el segundo una habitación y su dependencia, donde me acuesto a menudo, para estar solo. Encima, tiene un gran guardarropa. Era en otro tiempo el lugar más inútil de la casa. Ahora paso allí la mayor parte de los días de mi vida y la mayor parte de las horas del día. No estoy nunca por la noche. En la dependencia hay un gabinete bastante elegante, capaz de albergar fuego durante el invierno, con ventanas muy agradablemente orientadas. Y si no temiera más el esfuerzo que el gasto, podría con facilidad añadir a cada lado una galería de cien pasos de longitud y doce de ancho, a pie plano, pues he encontrado todos los muros levantados, para otro uso, a la altura necesaria. Todo lugar retirado debe tener un paseo. Mis pensamientos duermen si los asiento. Mi espíritu no va, si las piernas no lo agitan. Quienes estudian sin libro opinan todos lo mismo.

Su forma es redonda, solo tiene liso lo justo para mi mesa y mi silla, y curvándose me ofrece, de una mirada, todos mis libros ordenados alrededor en cinco estanterías. Tiene tres vistas de rica y libre perspectiva y seis pasos de diámetro. En invierno, estoy menos de continuo; porque mi hacienda está encaramada en una colina como indica su nombre, y no tiene habitación más ventilada que esta; que me place tener el acceso un poco difícil y estar apartado, tanto por el fruto del ejercicio como para alejar de mí a la multitud. Esta es mi sede. Intento conseguir su dominio total, y sustraer este único lugar a la comunidad conyugal, filial y civil. En todos los demás sitios solo tengo una autoridad verbal: en esencia, confusa. ¡Miserable en mi opinión quien no tiene en su casa dónde estar solo, dónde rendirse pleitesía, dónde esconderse!

Libro III, III: «De los tres comercios»

De la diversión

Me vi afectado en otro tiempo de una intensa aflicción, según mi naturaleza, y aún más justa que poderosa. Me habría perdido quizá de haber confiado simplemente en mis fuerzas. Teniendo necesidad de una diversión poderosa, me hice, con artificio, y con aplicación, en lo que la edad me ayudó, enamorado. El amor me alivió y me alejó del mal que me era causado por la amistad. En todo es lo mismo: un agudo sentimiento se apodera de mí; entonces encuentro más práctico, en lugar de domarlo, cambiarlo; lo sustituyo, si no puedo por un contrario al menos por otro. Siempre la variación alivia, disuelve y disipa. Si no puedo combatirlo, huyo de él, y huyendo engaño, trampeo; mudando de lugar, de ocupación, de compañía, me escabullo en la multitud de otras ocupaciones y pensamientos, donde pierde mi pista y me pierde.

Libro III, IV: «De la diversión»

Del exceso de severidad en la vejez

[...] Las características de la vejez no hacen más que advertirme, me moderan y me aconsejan. Del exceso de la alegría he caído en el de la severidad, más enojoso. Por lo cual me dejo ir ahora un poco al desenfreno a propósito; y aplico a veces el alma a pensamientos un poco insensatos y jóvenes, en los que se detiene. No estoy ahora sino demasiado sereno, demasiado grave y demasiado maduro. Los años me dan lecciones, todos los días, de frialdad y templanza. Este cuerpo huye del desorden y lo teme. Es su turno de guiar el espíritu hacia la reforma. Ha llegado el turno de gobernar, y más rigurosa e imperiosamente. No me deja un momento, ni dormido ni despierto, descansar de enseñanza, muerte, paciencia y penitencia. Me defiendo de la templanza como he hecho en otro tiempo de la voluptuosidad. Me arrastra demasiado hacia atrás, y hasta la estupidez. Y quiero ser dueño de mí, en todo sentido. La sabiduría tiene sus excesos, y no necesita menos moderación que la locura.

Libro III, V: «Sobre unos versos de Virgilio»

De la salud

[...] Nuestros maestros se equivocan porque, buscando las causas de los arrebatos extraordinarios de nuestro espíritu, además de aquellos que atribuyen a un transporte divino, al amor, al ardor guerrero, a la poesía, al vino, no han otorgado su parte a la salud;

una salud burbujeante, vigorosa, plena, ociosa, como antaño me la proporcionaban de vez en cuando el verdor de la edad y la confianza. Ese fuego de alegría suscita en el espíritu destellos vivos y claros, más allá de nuestra claridad natural y entre los entusiasmos más atrevidos, si no los más exaltados.

Ibidem

Odio a la austeridad

[...] Amo una sabiduría alegre y civil, y huyo de la aspereza de las costumbres y la austeridad, teniendo por sospechosa toda cara huraña. [...]

La virtud es cualidad agradable y alegre.

Bien sé que serán muy pocas las personas que frunzan el ceño por la libertad de mis escritos que no tengan que fruncirlo más por la libertad de su pensamiento. [...]

Odio un espíritu arisco y triste que pasa sobre los placeres de su vida y se aterra y se alimenta de desgracias; como las moscas que no pueden mantenerse junto a un cuerpo elegante y pulido, y se mantienen y reposan en los lugares escabrosos y desiguales; y como las sanguijuelas que solo sorben y desean la sangre mala.

Por lo demás, me he ordenado atreverme a decir todo lo que me atrevo a hacer, y me disgustan incluso los pensamientos impublicables. El peor de mis actos y características no me parece tan feo como encuentro feo y ruin no atreverse a confesarlo.

Ibidem

De la franqueza

[...] Estoy ansioso de darme a conocer; y no me importa a cuántos, siempre que sea de verdad; o, mejor dicho, no ansío nada, pero huyo mortalmente de que me confundan aquellos que lleguen a conocer mi nombre. [...]

¿Qué ha hecho a los hombres el acto genital, tan natural, tan necesario y tan justo, para no osar hablar de él sin vergüenza y para excluirlo de los discursos serios y ordenados? Pronunciamos atrevidamente: *matar*, *robar*, *traicionar*; ¿y lo otro no osaríamos más que entre dientes? ¿Quiere decir esto que cuanto menos expresamos de palabra, tanto más derecho tenemos a aumentar de pensamiento?

Porque es cierto que las palabras menos usadas, menos escritas y mejor calladas son las mejor sabidas y más generalmente conocidas. Ninguna edad, ninguna costumbre las ignoran, no más que el pan. Se imprimen en cada uno sin ser expresadas, sin voz y sin forma. Es cierto también que es una acción que hemos puesto bajo la autoridad del silencio de donde es un crimen arrancarla, de no ser para acusarla y juzgarla. Ni osamos fustigarla más que en perífrasis y en efigie.

Ibidem

Del matrimonio

[...] No veo otros matrimonios que fallen y se perturben más rápido que los basados en la belleza y los deseos amorosos. Hacen falta fundamentos más sólidos y más constantes, es necesario proceder con precaución; esa burbujeante alegría no sirve de nada. [...]

Un buen matrimonio, si lo es, rechaza la compañía y características del amor. Intenta imitar las de la amistad. Es una dulce alianza de vida, llena de constancia, confianza y un número infinito de útiles y sólidos servicios y obligaciones mutuas. Ninguna mujer que lo pruebe [...] desearía hacer de amante y de amiga para su marido. De estar alojada en su afecto como mujer, lo estará más honorable y seguramente.

Ibidem

Del estilo

[...] El lenguaje de ellos está lleno y rebosa de un vigor natural y constante; son todo epigrama, no solo la cola, sino la cabeza, el pecho y los pies. No hay en ellos nada forzado, nada renqueante, todo avanza con similar cadencia. No es una elocuencia débil y simplemente inofensiva: es nervuda y sólida, que no agrada tanto como llena y arrebata, y arrebata con mayor fuerza a los más incrédulos. Cuando veo esas nobles formas de explicarse, tan vivas, tan profundas, no digo que es hablar bien, digo que es pensar bien. [...]

Es el manejo y el empleo de los hombres brillantes el que da valor a la lengua, no tanto innovándola como dotándola de más vigorosas y diversas utilidades, estirándola y doblándola. No aportan palabras, pero enriquecen las suyas, dan mayor peso y profundidad a su significado y uso, le enseñan movimientos desacostumbrados, pero con prudencia e ingenio. Y cuán poco esto es dado a todos se ve por tantos escritores franceses de este siglo. Son lo suficientemente osados y desdeñosos como para no seguir la ruta común; pero la falta de invención y discreción los pierde. No se ve más que una miserable afectación de extranjerismo, de disfraces fríos y absurdos que, en lugar de elevar, hunden la materia. Mientras se complazcan en la novedad, descuidarán la eficacia: por coger una palabra nueva, dejan la corriente, a menudo más fuerte y nervuda.

Encuentro en nuestra lengua bastante estofa, pero un tanto falta de forma; porque nada se ha hecho con la jerga de nuestras cacerías y nuestra guerra, que es un terreno generoso para tomar prestado; y las formas de hablar, como las hierbas, se enderezan y fortalecen trasplantándolas. [...]

Cuando escribo, me las arreglo bien sin la compañía y el recuerdo de los libros, por miedo a que interrumpan mi estilo; además de que, a decir verdad, los buenos autores me desalientan demasiado y quiebran mi valor. Hago de buena gana lo que aquel pintor, que, habiendo pintado miserablemente unos gallos, prohibía a sus muchachos que dejasen entrar en el taller a ningún gallo de verdad. [...]

Para este propósito mío, me conviene asimismo escribir en mi casa, en un país salvaje, donde nadie me ayude ni me releve, donde no frecuento por lo común hombre alguno que entienda el latín del padrenuestro, y de francés un poco menos. Lo hubiera hecho mejor en otro lugar, pero la obra habría resultado menos mía; y su fin principal y perfección es ser exactamente mía. Corregiría de buen grado un error accidental, de los que cometo en abundancia, al correr sin el necesario cuidado; pero las imperfecciones que son en mí usuales y constantes, sería traición quitarlas.

Ibidem

Del amor en la vejez

[...] Porque es bien justo, como dicen, que el cuerpo no siga sus apetitos en perjuicio del espíritu; pero ¿por qué no es también justo que el espíritu no siga los suyos en perjuicio del cuerpo?

No albergo ninguna otra pasión que me tenga en vilo. Lo que la avaricia, la ambición, las disputas, los procesos hacen en los otros que, como yo, no tienen trabajo asignado, el amor lo haría más agradablemente: me devolvería la vigilancia, la sobriedad, la gracia, el cuidado de mi persona; aseguraría mi aspecto para que las muecas de la vejez, esas muecas deformes y lamentables, no viniesen a corromperlo; me devolvería a los estudios sanos y sabios, por los cuales podría hacerme más estimado y más amado, quitando a mi espíritu la desesperación de sí y de su uso, y volviendo a familiarizarlo consigo mismo; me distraería de mil pensamientos enojosos, de mil pesares melancólicos, con que la holganza nos carga en tal edad, y el mal estado de nuestra salud; recalentaría, al menos en ilusión, esa sangre que la naturaleza abandona; sostendría el mentón y tensaría un poco los nervios, el vigor y la alegría de este pobre hombre que sigue su gran marcha hacia la ruina.

Ibidem

Conquista de México y Perú

Nuestro mundo acaba de encontrar otro (¿y quién nos asegura que sea el último de sus hermanos, puesto que los demonios, las Sibilas y nosotros lo hemos ignorado hasta ahora?) no menos grande, rico y membrudo que él, y sin embargo tan nuevo y tan niño que todavía le enseñamos el abecé: hace cincuenta años no conocía ni letras, ni pesos, ni medida, ni vestidos, ni trigos, ni viñas: estaba aún cubierto con jirones y no vivía más que de los medios de su madre nodriza.

[...] Era un mundo niño; pero no lo hemos azotado y sometido a nuestras lecciones gracias a la ventaja de nuestro valor y fuerzas naturales, ni lo hemos seducido por nuestra justicia y bondad, ni subyugado por nuestra magnanimidad. La mayor parte de sus respuestas y de las negociaciones hechas con ellos testimonian que nada nos deben en claridad de espíritu natural y pertinencia. La extraordinaria magnificencia de las ciudades de Cuzco y México, y, entre diversas cosas semejantes, el jardín de ese rey donde todos los árboles, los frutos y las hierbas, según el orden y el tamaño que tienen en un jardín natural, estaban excelentemente reproducidos en oro; como, en su gabinete, todos los animales que nacían en su Estado y sus mares; y la belleza de sus trabajos en pedrería, pluma, algodón, pintura, muestran que nada tienen que envidiarnos en habilidad. Pero en cuanto a devoción, observancia de las leyes, bondad, liberalidad, lealtad, franqueza, nos ha sido muy útil no tener tanta como ellos; se perdieron por esa ventaja, vendidos y traicionados a sí mismos.

En lo que se refiere a osadía y valor, a firmeza, constancia, resolución contra los dolores, el hambre y la muerte, no temería oponer los ejemplos que podría encontrar entre ellos a los más famosos ejemplos antiguos que tenemos en las memorias de nuestro mundo de este lado. Porque para aquellos que los han subyugado, que quiten las astucias y los trucos de los que se han servido para engañarlos, y el justo asombro que provocaba en esas naciones ver llegar tan inopinadamente gentes barbudas, diferentes en lenguaje, religión, figura y aspecto, de un lugar del mundo tan alejado que jamás habían imaginado que pudiera estar habitado; montados sobre grandes monstruos desconocidos, contra pueblos que nunca habían visto un caballo, ni siquiera bestia alguna acostumbrada a llevar y sostener hombre ni otra carga; adornados de una piel reluciente y dura y de un arma cortante y resplandeciente, contra gentes que por el milagro del brillo de un espejo o un cuchillo iban cambiando una gran riqueza en oro y perlas, y que no tenían ni ciencia ni materia con las cuales pudieran fácilmente penetrar nuestro acero; añadid los rayos y truenos de nuestros cañones y arcabuces, capaces de ofuscar al propio César, a quien habrían sorprendido igualmente inexperto, y además, contra pueblos desnudos, a no ser que hubieran conocido el invento de algún tejido de algodón, sin otras armas en su mayoría que arcos, piedras, bastones y escudos de madera; pueblos sorprendidos, bajo apariencia de amistad y sinceridad, por la curiosidad de ver cosas extrañas y desconocidas: descontad, digo, a los conquistadores esta disparidad, les quitaréis toda la ocasión de tantas victorias.

Cuando veo este ardor indómito con el que tantos miles de hombres, mujeres y niños se presentan y se lanzan tantas veces a los peligros inevitables, en defensa de sus dioses y su libertad; esa generosa obstinación por sufrir todas las penalidades y dificultades, y la muerte, antes que someterse al dominio de aquellos que los han vergonzosamente engañado, y prefiriendo algunos dejarse morir de hambre e inanición, al ser capturados, que aceptar vivir en manos de sus enemigos, tan vilmente victoriosos, deduzco que, para quien los hubiera atacado de igual a igual, habrían sido tan peligrosos, y más, que en cualquier otra guerra que hayamos visto.

¡Ojalá hubiera correspondido a Alejandro o a los antiguos griegos y romanos una conquista tan noble, y tan gran mutación y alteración de imperios y pueblos bajo unas manos que hubieran suavemente pulido y desbrozado lo que había de salvaje, y hubieran fortalecido y cuidado las buenas semillas naturales, mezclando con el cultivo de la tierra y el ornamento de las ciudades no solo las artes de aquí, en la medida en que hubieran sido necesarias, sino también mezclando las virtudes griegas y romanas con las autóctonas! ¡Qué regeneración habría supuesto, y qué enmienda a todo este mundo, que nuestros primeros ejemplos y conducta presentados allí hubieran llamado a esos pueblos a la admiración y la imitación de la virtud y hubieran erigido entre ellos y nosotros una fraternal asociación y entente! ¡Qué fácil habría sido sacar provecho de almas tan nuevas, tan hambrientas de aprendizaje, teniendo en su mayor parte tan hermosos orígenes naturales!

Por el contrario, hemos utilizado su ignorancia e inexperiencia para inclinarlos más fácilmente hacia la traición, la lujuria, la codicia y hacia toda clase de inhumanidad y crueldad, según el ejemplo y modelo de nuestras costumbres. ¿Quién puso jamás a tal precio la utilidad del comercio y del tráfico? ¡Tantas ciudades arrasadas, tantas naciones exterminadas, tantos millones de pueblos pasados por el filo de la espada, y la más rica y hermosa parte del mundo trastornada por el negocio de las perlas y la pimienta! Brutales victorias. Jamás la ambición, jamás las enemistades públicas empujaron a los hombres a tan horribles hostilidades entre sí y a tan miserables calamidades.

Costeando el mar en busca de sus minas, algunos españoles tomaron tierra en una región fértil y agradable, bastante habitada, e hicieron a ese pueblo las advertencias acostumbradas: «Que eran gentes pacíficas, provenientes de lejanos viajes, enviados de parte del rey de Castilla, el príncipe de la tierra habitada, al cual el Papa, representante de Dios en la tierra, había dado el principado de todas las Indias; que si querían serle tributarios, serían muy benévolamente tratados; les pedían víveres para alimentarse y oro para cierta medicina; les hacían ver por lo demás la creencia en un solo Dios y la verdad de nuestra religión, la cual les aconsejaban aceptar, añadiendo algunas amenazas».

La respuesta fue la siguiente: «Que, en cuanto a ser pacíficos, si lo eran, no tenían el aspecto; en cuanto a su rey, puesto que pedía, debía de ser indigente y necesitado; y la persona responsable de esa distribución, hombre amante de las disputas, por darle a un tercero cosa que no era suya, y ponerlo en conflicto con sus antiguos poseedores; en cuanto a los víveres, que se los suministrarían; oro, tenían poco, y que era cosa que tenían en poca estima, puesto que era inútil en las actividades de la vida, allí donde toda la preocupación consistía solo en pasarla feliz y agradablemente; sin embargo, todo lo que pudieran encontrar, salvo lo empleado en el servicio de sus dioses, que lo tomaran resueltamente; en cuanto a un solo Dios, el razonamiento les había gustado, pero que no querían cambiar su religión, habiéndose servido tan útilmente de ella durante tanto tiempo, y que no tenían costumbre de aceptar consejo más que de sus amigos y conocidos; en cuanto a las amenazas, era signo de falta de juicio ir amenazando a aquellos cuya naturaleza y medios eran desconocidos; así que se apresuraran en salir de su tierra, porque no estaban acostumbrados a tomar a bien las atenciones y advertencias de hombres armados y extranjeros; de no ser así, que harían con ellos como con esos otros», enseñándoles las cabezas de algunos hombres ajusticiados alrededor de su ciudad. He aquí un ejemplo del balbuceo de esta infancia. [...]

De los dos monarcas más poderosos de ese mundo y, quizá, de este, reyes de tantos reyes, los últimos que cazaron, el del Perú, tras haber sido capturado en una batalla e imponérsele un rescate tan excesivo que sobrepasa toda creencia, y una vez este fielmente pagado, y había dado por su trato signo de un corazón franco, liberal y constante, les vino en gana a los vencedores, tras haber sacado un millón trescientos veinticinco mil quinientos pesos de oro, junto con la plata y otras cosas que no sumaban menos, hasta el punto de que sus caballos iban herrados con oro macizo, averiguar además, al precio de la deslealtad que fuera, cuál podía ser el resto de los tesoros de ese rey [...]. Se le preparó una falsa acusación y prueba, que se proponía levantar sus provincias para recuperar la libertad. Tras lo cual, mediante un hermoso juicio de quienes le habían preparado esa traición, se le condenó a ser colgado y estrangulado públicamente, habiéndole redimido de ser quemado vivo por el bautizo que se le dio en el mismo suplicio. Accidente horrible e inaudito, que sufrió sin embargo sin desdecirse ni en actitud ni en palabra, con una figura y gravedad verdaderamente real. Y luego, para engañar a los pueblos conmovidos y estremecidos de cosa tan extraña, se simuló un gran duelo por su muerte, y se le ordenaron unos funerales suntuosos.

Ibidem

El más fructuoso y natural ejercicio de nuestro espíritu es, a mi entender, la conversación. Considero su práctica más dulce que ninguna otra actividad de nuestra vida [...].

[...] Cuando me contrarían, despiertan mi atención, no mi cólera; avanzo hacia quien me contradice, pues me enseña. La causa de la verdad debería ser la causa común al uno y al otro. [...]

Festejo y amo la verdad en cualquier mano que la encuentre, y me rindo a ella con alegría, y le presento mis armas vencidas, en cuanto la veo acercarse. Y, siempre que no sea con una cara demasiado imperiosamente magistral, me gusta ser criticado; y me acomodo a los acusadores a menudo más por razón de civilidad que por razón de enmienda, deseando gratificar y alimentar la libertad de advertirme mediante la facilidad de ceder [...].

Es imposible tratar de buena fe con un tonto. No solo mi juicio se corrompe de la mano de un maestro tan impetuoso, sino también mi conciencia. Nuestras discusiones deberían estar prohibidas y castigadas como otros crímenes verbales. ¡Qué vicio despiertan y amontonan, siempre regidas y dominadas por la cólera! Entramos en enemistad, primero contra las razones, y luego contra los hombres. No aprendemos a discutir más que para contradecir, y, cada cual contradiciendo y siendo contradicho, sucede que el fruto de la discusión es perder y aniquilar la verdad.

[...] El debate y la búsqueda son propiamente nuestras presas: no somos excusables de conducirlos mal y de forma inapropiada; fallar en la captura es otra cosa. Porque hemos nacido para perseguir la verdad; poseerla pertenece a una potencia más grande.

[...] La obstinación y el fervor en la opinión son la prueba más segura de estupidez; ¿hay algo más seguro, decidido, desdeñoso, contemplativo, serio, grave, que un burro? [...]

¿Podemos no mezclar en el argumento de la discusión y comunicación los discursos mordaces y secos que la alegría y la intimidad introducen entre los amigos, que se burlan y bromean agradable y vivamente los unos de los otros? Ejercicio al cual mi alegría natural me hace bastante apto.

Libro III, VIII: «Del arte de discutir»

De las palabras

¿Cuándo habré acabado de representar la continuada agitación y mutación de mis pensamientos, en cualquier materia que aborden, puesto que Diomedes llenó seis mil libros con el único tema de la gramática? ¡Qué no producirá la cháchara, si los balbuceos y comienzos de la lengua ahogaron el mundo bajo una carga tan terrible de volúmenes! ¡Oh Pitágoras, por qué no conjuras esta tormenta!

[...] No es burla. El emborronamiento de hojas parece ser algún síntoma de un siglo desbordado: ¿cuándo escribimos tanto sino desde que estamos en disturbios?, ¿cuándo los romanos tanto, sino cuando su ruina?

[...] Y, a diferencia de otros, me siento más devoto en la buena que en la mala fortuna [...]; y dirijo de mejor grado los ojos dulces al cielo más para darle gracias que para solicitarle. Me preocupa más aumentar la salud cuando me sonríe, que reponerla cuando la he perdido.

Libro III, IX: «De la vanidad»

De la revolución

Nada abruma más a un Estado que la innovación: el cambio solo da forma a la injusticia y la tiranía. Cuando alguna parte se disloca, se la puede apuntalar; podemos oponernos a que la alteración y corrupción natural a todas las cosas no nos aleje demasiado de nuestros comienzos y principios. Pero intentar refundir una masa tan grande y cambiar los fundamentos de un edificio tan grande es hacer como quienes para limpiar borran, quienes quieren enmendar los defectos particulares con una confusión universal y curar las enfermedades con la muerte. El mundo es incapaz de curarse; está tan inquieto por lo que le afecta que solo aspira a deshacerse de ello, sin mirar a qué precio. [...]

Ibidem

De la guerra civil

[...] Me he acostado mil veces en mi casa imaginando que me traicionarían y atacarían esa noche, pactando con la fortuna que fuera sin temor y sin lentitud; y he exclamado después de mi padrenuestro: *«Impius hæc tam culta novalia miles habebit!»* [«¡Un impío soldado poseerá estos campos tan bien cultivados!» Virgilio, *Bucólicas*, I, 71]. ¿Qué remedio? Es el lugar de mi nacimiento, y del de la mayoría de mis antepasados; han puesto su afecto y su nombre. Nos endurecemos a todo aquello a lo que nos acostumbramos. Y, en una condición tan miserable como la nuestra, supone un don muy favorable de la naturaleza el acostumbrarse, que adormece nuestra sensación del dolor de diversos males. Las guerras civiles tienen este defecto sobre las otras guerras, que nos ponen a todos en guardia en nuestra propia casa. [...]

Obtengo a veces de la indolencia y molicie el medio de fortalecerme contra esas consideraciones; de algún modo nos llevan a la resolución. Me sucede a menudo el imaginar con algún placer los peligros mortales, y esperarlos; me sumerjo con la cabeza gacha estúpidamente en la muerte, como en una profundidad muda y oscura que se me traga de una vez y me abruma en un instante con un poderoso sueño, lleno de insipidez e indolencia.

Ibidem

París

[...] Nunca me enfado tanto con Francia que deje de ver a París con buenos ojos; me tiene robado el corazón desde la infancia. Y me ha sucedido como con las cosas excelentes: cuantas más ciudades hermosas he visto desde entonces, más su belleza vence y gana mi afecto. La quiero por ella misma, y más en su propio ser que sobrecargada de pompa extranjera. La quiero tiernamente hasta en sus verrugas y sus manchas. Solo soy francés por esta gran ciudad; grande en población, grande en felicidad del emplazamiento, pero sobre todo grande e incomparable en variedad y diversidad de atractivos; gloria de Francia y uno de los más nobles ornamentos del mundo. ¡Dios aleje de ella nuestras divisiones! Entera y unida, la encuentro protegida de toda otra violencia. Le advierto que, de todos los partidos, el peor será el que la ponga en discordia, y no temo más peligro que ella misma; y temo por ella sin duda tanto como por cualquier otra parte de este Estado. Mientras perdure, no me faltará retiro donde exhalar el último suspiro, suficiente para que no añore ningún otro.

Ibidem

De los viajes

Además de estas razones, viajar me parece un ejercicio provechoso. El alma está en continuo ejercicio observando cosas desconocidas y nuevas; y no conozco mejor escuela, como lo he dicho a menudo, para dar forma a la vida que proponerle incesantemente la diversidad de tantas otras vidas, otras ideas y otras costumbres, y hacerle gustar esa perpetua variedad de formas de nuestra naturaleza. El cuerpo no se encuentra ocioso ni extenuado, y esta agitación moderada lo mantiene despierto. Voy a caballo sin desmontar y sin aburrirme, a pesar de mi cólico, ocho y diez horas. Ninguna estación me es enemiga, excepto el calor ardiente de un sol sofocante [...]. [...] Me gustan las lluvias y el barro, como a los patos. Los cambios de aire y clima no me afectan; cualquier tipo de cielo me es igual. Solo me vencen las alteraciones internas que produzco en mí, y estas me ocurren menos viajando.

Soy difícil de poner en marcha; pero, estando en camino, voy hasta donde quieran. Refunfuño más por las pequeñas empresas que por las grandes, y por equiparme para una jornada y visitar a un vecino que por un viaje de verdad. He aprendido a hacer mis jornadas a la española, de una tirada: jornadas grandes y razonables; y, con los calores extremos, las paso de noche, desde el sol poniente hasta el levante. [...] La pereza en levantarme da tiempo a quienes me siguen de comer tranquilamente antes de salir. En cuanto a mí, nunca como demasiado tarde; el apetito solo me viene comiendo, y de ningún otro modo; solo tengo hambre en la mesa.

Algunos se quejan de que haya aceptado continuar este ejercicio, casado y viejo. Se equivocan. Es mucho mejor abandonar la casa cuando se la ha puesto en condiciones de seguir sin nosotros, cuando se la ha dejado en un orden que no desmienta su forma pasada. Es una imprudencia mucho mayor alejarse dejando la casa en custodia menos fiel [...].

[...] Exijo de una mujer casada, por encima de cualquier otra virtud, la virtud económica. [...] A ella la acostumbro, dejándole en mi ausencia todo el gobierno en la mano. Veo con desagrado, en diversos matrimonios, que el señor vuelve malhumorado y sucio por el tráfago de los asuntos, hacia el mediodía, y que la señora todavía está peinándose y acicalándose en su gabinete. Es cosa de reinas, y ni siquiera. Es ridículo e injusto que la ociosidad de nuestras mujeres resulte mantenida por nuestro sudor y trabajo.

Ibidem

De la ausencia en el matrimonio y la amistad

En cuanto a los deberes de la amistad marital que se consideran perjudicados por esta ausencia, no lo creo; al contrario, es un vínculo que se enfría habitualmente por una asistencia demasiado continuada, y que la asiduidad hiere. Toda mujer extranjera nos parece virtuosa. Todos sabemos por experiencia que la continuidad en el verse no tiene comparación con el placer que se siente al separarse y reunirse a intervalos. Estas interrupciones me llenan de un amor renovado hacia los míos y hacen que la costumbre de mi casa se vuelva de nuevo más dulce; la sucesión aumenta mi apetito hacia uno y luego otro sentido.

Sé que la amistad tiene los brazos lo suficientemente largos como para sostenerse y unirse de un rincón al otro del mundo; y en especial esta, donde existe un continuo intercambio de servicios que despiertan el compromiso y el recuerdo. [...]

En la verdadera amistad, en la que soy experto, me doy a mi amigo más de lo que lo fuerzo hacia mí. No quiero solo procurarle más bien que el que me procura, sino que se le haga a sí mismo más que a mí: me hace entonces el mayor cuando se lo hace a él. Y si la ausencia le es placentera o útil, me es mucho más dulce que su presencia; lo cierto es que no se trata de propiamente ausencia cuando existe algún medio de comunicarse. He sacado en el pasado provecho de nuestro alejamiento, y placer. Nos satisfacíamos mejor y extendíamos la posesión de la vida separándonos: vivía, gozaba, veía por mí, y yo por él, tan plenamente como si estuviera. Una parte permanecía ociosa cuando estábamos juntos: nos confundíamos. La separación de lugar hacía la conjunción de nuestras voluntades más rica. Esta hambre insaciable de presencia corporal revela un poco la debilidad en el goce de las almas.

Ibidem

La edad de los viajes

En cuanto a la vejez que se me achaca, al contrario, corresponde a la juventud doblegarse a las opiniones comunes y plegarse a los demás. Esta puede rendir servicio a los dos, a la comunidad y a sí: nosotros, en cambio, tenemos demasiado que hacer solos. A medida que las ventajas naturales nos fallan, sostengámonos con las artificiales. Es injusto excusar a la juventud por perseguir sus placeres y prohibir a la vejez que los busque.

Ibidem

De los viajes en la vejez

«Pero a semejante edad no volverá nunca de tan largo camino.» ¿Qué me importa? No lo emprendo ni para volver ni para acabarlo: me propongo solo moverme mientras el movimiento me plazca. Y paseo por pasearme. Quienes corren por un beneficio o una liebre no corren; corren quienes corren en el juego del marro, y para ejercitar la carrera.

Mi propósito es divisible por todo, no está fundado en grandes esperanzas; cada jornada alcanza la meta. Y el viaje de mi vida se desarrolla del mismo modo. He visto sin embargo bastantes lugares alejados, donde habría deseado que me hubieran detenido. ¿Por qué no, si Crisipo, Cleantes, Diógenes, Zenón, Antípatro, y tantos hombres sabios de la secta más ceñuda, abandonaron su país, sin ningún motivo de queja, y solo por el placer de otro aire? Cierto, el mayor fastidio de mis peregrinaciones es que no pueda llevar la resolución de establecer el domicilio donde me plazca [...].

Y además, es propio de aquellos a quienes los

asuntos llevan en pleno invierno a los Grisones el verse sorprendidos en el camino en esa circunstancia extrema. Yo, que habitualmente viajo por placer, no me conduzco de manera tan errada. Si hace mal tiempo a la derecha, cojo la izquierda; si no me apetece montar a caballo, me paro. Y, obrando de este modo, no veo en verdad nada que no sea tan agradable y cómodo como mi casa. Es cierto que sigo encontrando superfino lo superfino, y observo cierto fastidio ante el refinamiento mismo y la abundancia. ¿Que me he dejado atrás algo por ver? Doy la vuelta, siempre es mi camino. No trazo ninguna línea cierta, ni derecha ni curva. ¿Que no encuentro lo que me habían dicho? (Ocurre a menudo que los juicios de los demás no concuerdan con los míos y los he encontrado con frecuencia falsos.) No me quejo, he aprendido que lo que decían no está.

Tengo la constitución del cuerpo adaptable y el gusto común, como el de cualquier otro hombre. La diversidad de costumbres de una nación a otra no me afecta más que por el placer de la variedad. Cada uso tiene su razón. Sean platos de estaño, madera o tierra, hervido o asado, mantequilla o aceite de nuez o de oliva, caliente o frío, todo me es igual, y tan igual que, envejeciendo, acuso esta generosa facultad, y necesitaría que el refinamiento y la elección me refrenaran la indiscreción del apetito y aliviaran a veces mi estómago. Cuando he estado fuera de Francia y me han preguntado, por ser corteses conmigo, si quería ser servido a la francesa, me he burlado y siempre me he lanzado a las mesas más concurridas de extranjeros.

Me avergüenza ver a nuestros compatriotas, embriagados de estúpido orgullo, asustarse de los hábitos contrarios a los suyos: les parece estar fuera de su elemento cuando están fuera de su pueblo. Dondequiera que vayan, se aterran a sus costumbres y abominan de los extranjeros. Que encuentran a un compatriota en Hungría, festejan ese azar: enseguida se alían y juntan para condenar tantos usos bárbaros como ven. ¿Por qué no bárbaros, puesto que no son franceses? Aún son los más hábiles los que los han reconocido para criticarlos. La mayoría emprende la ida solo por la vuelta: viajan cubiertos y protegidos por una prudencia taciturna e incomunicable, defendiéndose del contagio de un aire desconocido.

Lo que digo de estos me recuerda, en algo parecido, lo que he observado a veces en algunos de nuestros jóvenes cortesanos. Solo se relacionan con los hombres de su clase, nos miran como gentes del otro mundo, con desdén o conmiseración. Quitadles las ocupaciones de las intrigas de la corte y estarán fuera de su terreno, tan inexpertos para nosotros y torpes como lo somos nosotros para ellos. Es bien cierto lo que se dice, que un hombre de bien es un hombre compuesto.

En mi caso, por el contrario, viajo muy harto de nuestras costumbres, y no para buscar gascones en Sicilia (ya tengo suficientes en casa); busco más bien griegos y persas; los frecuento, los observo; ahí es donde me entrego y donde me empleo. Y, es más, me parece que no he encontrado demasiadas costumbres que no tengan tanto valor como las nuestras.

[...] Es una rara fortuna, pero un alivio inestimable, contar con un hombre de bien, de entendimiento firme y costumbres conformes a las vuestras, que guste de seguiros. Lo echo en falta en todos los viajes. Pero tal compañía hay que elegirla y conseguirla ya en casa. Ningún placer tiene gusto para mí sin comunicación. No me llega al alma ninguna idea inspirada que no me enfade por haberla producido solo y sin tener a quien ofrecerla. Me place la opinión de Arquitas, según la cual sería desagradable al propio cielo pasearse en esos grandes y divinos cuerpos celestes sin el apoyo de un compañero.

Pero más vale estar solo que en compañía enojosa e inútil. [...] Preferiría pasar [la vida] con el culo sobre la silla.

«¿No tiene pasatiempos más fáciles? ¿Qué le falta? ¿No está su casa en el campo, al sano aire libre, suficientemente provista y más que amplia? [...] ¿Dónde cree poder estar sin contrariedad y sin estorbos? Vea que solo usted es el que se contraría a sí mismo, e irá por todas partes, y se quejará de todo. Porque no hay satisfacción aquí abajo más que para las almas animales o divinas. [...]»

[...] Sé bien que tomándolo al pie de la letra este placer de viajar es una prueba de inquietud e irresolución. En realidad son nuestras cualidades maestras y predominantes. Sí, lo confieso, nada veo donde pueda agarrarme, solo en sueño y por deseo; solo la variedad me agrada, y la posesión de la diversidad; en la medida en que alguna cosa me satisface.

Ibidem

De la obediencia de las leyes

[...] Podemos añorar tiempos mejores, pero no rehuir los presentes; podemos desear otros magistrados, pero es necesario, no obstante, obedecer a estos. Y quizá sea más digno de elogio obedecer a los malos que a los buenos. Mientras la imagen de las leyes heredadas y remotas de esta monarquía reluzca en algún lugar, a eso me atengo. Si llegan por desgracia a contradecirse, confundirse y obstaculizarse mutuamente, y generar dos partidos de elección dudosa y difícil, mi decisión será sin duda escapar y apartarme de esa tormenta; la naturaleza me podrá echar sin embargo una mano, o los azares de la guerra. Entre César y Pompeyo, me habría decantado sin ambages; pero ante aquellos tres ladrones que vinieron después, no cabía otra cosa que ocultarse o seguir el viento: lo que encuentro lícito cuando la razón ya no guía.

Ibidem

De la aparente negligencia de estos Ensayos

Esta digresión está un poco fuera de mi tema. Me pierdo, pero más por licencia que por descuido: mis ideas se siguen, pero a veces es de lejos, y se miran, pero con una mirada oblicua.

He echado una ojeada a tal diálogo de Platón [...]. No temen en absoluto estos cambios y tienen una gracia maravillosa dejándose rodar así al viento, o pareciéndolo. Los títulos de mis capítulos no abarcan siempre la materia; a menudo solo la denotan mediante alguna marca [...]. Me gusta el proceder poético, a saltos y zancadas. Es un arte, como dice Platón, ligero, volátil, divino. Hay obras en Plutarco donde olvida el tema, donde el discurso de su argumento no se encuentra más que por casualidad, sofocado en materia extraña: ved su proceder en el *Demonio de Sócrates.* ¡Oh, Dios! ¡Esas inspiradas escapadas, esa variación qué hermosa es, y tanto más cuanto más se aleja hacia lo indolente y fortuito! Es el lector no diligente quien pierde mi tema, no yo; siempre habrá en un rincón alguna palabra que no deje de ser suficiente aunque sea concisa.

Ibidem

Odio a la oscuridad

[...] Y además hay temperamentos así a los que la comprensión inspira desprecio, que me estimarán más porque no sabrán lo que digo: concluirán la profundidad de mi sentido por la oscuridad, la cual, a decir verdad, odio profundamente, y evitaría si supiera evitarla.

Ibidem

Roma

[...] El cuidado de los muertos es para nosotros digno de elogio. Me he alimentado desde mi infancia con ellos; tuve conocimiento de los asuntos de Roma mucho antes que los de mi casa. Conocía el Capitolio y su plano antes de conocer el Louvre, y el Tíber antes que el Sena. He tenido más en la mente los caracteres y fortunas de Lúculo, Metelo y Escipión, que los de algunos contemporáneos. Ellos han muerto. Al igual que mi padre, que lo hizo tan enteramente como ellos, y que en dieciocho años se ha alejado de mí y de la vida tanto como ellos en mil seiscientos, pero del que no dejo de abrazar y conservar el recuerdo, la amistad y la alianza, con una unión perfecta y muy viva.

E incluso, por mi carácter, me vuelvo más respetuoso hacia los muertos; ya no se ayudan entre sí; necesitan, me parece, tanto más mi ayuda. Ahí justamente se encuentra la gratitud en su esplendor. [...] Quienes han merecido de mí la amistad y el reconocimiento no los han perdido jamás por no seguir entre nosotros: les he pagado mejor y más cuidadosamente, ausentes e ignorantes. Hablo con más afecto de mis amigos cuando no hay ningún modo de que lo sepan.

Y he iniciado cien disputas en defensa de Pompeyo y por la causa de Bruto. Esta familiaridad dura aún entre nosotros; incluso las cosas presentes, solo las poseemos con la imaginación. Encontrándome inútil para este siglo, me vuelco a ese otro, y estoy tan encaprichado que el estado de esa vieja Roma, libre, justa y floreciente (porque no me gusta ni su nacimiento ni su vejez) me interesa y me apasiona. Por lo cual no sabría ver demasiado a menudo la disposición de sus calles y sus casas, y esas ruinas profundas hasta los antípodas, que no me entretenga. ¿Es por naturaleza o por error de la imaginación que la vista de los lugares que sabemos que han sido frecuentados y habitados por personas cuya memoria es digna de estima nos conmueve en cierto modo más que oír el relato de sus actos o leer sus escritos?

Me gusta contemplar su rostro, su porte y sus vestidos: vuelvo a llenarme la boca con esos grandes nombres entre los dientes y los hago resonar en mis oídos. De las cosas que son en algún aspecto grandes, admiro incluso los aspectos comunes: los vería gustoso charlar, pasear y cenar. Sería ingratitud despreciar las reliquias y estatuas de tantos hombres de bien y tan valerosos, que he visto vivir y morir, y que nos proporcionan tantas buenas enseñanzas con su ejemplo, si supiéramos seguirlo.

Y además esta misma Roma que vemos merece que la amemos, confederada durante tanto tiempo y mediante tantos títulos a nuestra corona, única ciudad común y universal. El magistrado soberano que en ella gobierna es reconocido por igual en las demás partes: es la ciudad metropolitana de todas las naciones cristianas; el español y el francés, todos están en casa. Para ser de los príncipes de este Estado, solo hay que ser de la Cristiandad, dondequiera que esté. No hay lugar aquí abajo que el cielo haya abrazado con influjo tan favorable y tanta constancia. Incluso su ruina es gloriosa y enfática.

Todavía conserva en la tumba marcas e imagen de imperio.

Ibidem

De los hijos

Además no cuento con ese fuerte lazo que dicen que une a los hombres con el futuro mediante los hijos que llevan su nombre y su honor, y debo de desearlo quizá menos aún, puesto que son tan deseables. Estoy demasiado apegado al mundo y a esta vida por mí mismo. Me contento con estar en manos de la fortuna solo en aquellas circunstancias propiamente necesarias a mi ser, sin ampliarle por otro lado la jurisdicción sobre mí; y nunca he considerado que estar sin hijos fuera un defecto que tuviera que hacer la vida menos completa y menos satisfactoria. Los hijos pertenecen a las cosas que no tienen mucho por lo que ser deseadas, en especial en estos tiempos en que sería tan difícil hacerlos buenos.

Ibidem

De los deberes públicos

En comparación con el común de los hombres, pocas cosas me afectan, o, mejor dicho, me dominan; porque es justo que nos afecten siempre que no nos posean. Tengo gran cuidado de aumentar mediante estudio y reflexión ese privilegio de mi insensibilidad, que por predisposición natural se encuentra muy desarrollado en mí. Abrazo, y en consecuencia me apasionan, pocas cosas. Tengo la vista clara, pero la fijo en pocos asuntos; la sensibilidad, delicada y débil. Pero la comprensión y la aplicación, las tengo duras y sordas: difícilmente me comprometo. [...]

[...] Mi opinión es que hay que prestarse a los demás y no darse más que a sí mismo. Si mi voluntad encontrara fácil hipotecarse y aplicarse, no duraría; soy demasiado delicado, por naturaleza y por costumbre.

[...] Hay que administrar la libertad de nuestra alma y no hipotecarla más que en las ocasiones justas; que son un número muy reducido, si juzgamos sanamente.

[...] Es verosímil que en estos se encuentre el verdadero punto de la amistad a la que cada uno se debe. No una amistad falsa, que nos hace abrazar la gloria, el conocimiento, la riqueza y cosas parecidas con un afecto principal e inmoderado, como miembros de nuestro ser, ni una amistad débil y desconsiderada, en la cual sucede lo que se ve en la hiedra, que corrompe y arruina la pared a la que se adhiere, sino una amistad saludable y mesurada, igualmente útil y agradable. Quien conoce sus deberes y los ejerce pertenece verdaderamente a la morada de las Musas, ha alcanzado la cima de la sabiduría humana y de nuestra felicidad. Ese, sabiendo exactamente lo que se debe, encuentra que forma parte de su papel aplicarse a sí mismo el uso de los otros hombres y del mundo, y, para ello, contribuir a la sociedad con los deberes y las funciones que le afectan. Quien no vive en modo alguno para los demás no vive para sí.

Libro III, x: «De gobernar la propia voluntad»

Todas las acciones públicas están sujetas a inciertas y diferentes interpretaciones, porque demasiadas cabezas las juzgan. Algunos dicen de mi ocupación en la ciudad (y me alegro de comentarla un poco, no porque lo merezca, sino por servir de patrón de mis costumbres en tales cosas) que me comporté como hombre que se conmueve demasiado blandamente y de una emoción débil; y no están en absoluto alejados de la realidad. Intento tener el alma y los pensamientos en reposo. [...] De esta debilidad natural no hay sin embargo que extraer ninguna conclusión de impotencia (porque falta de preocupación y falta de sensibilidad son dos cosas diferentes), y menos de desconocimiento e ingratitud hacia este pueblo, que empleó de cuantos medios dispuso en sus manos para favorecerme, antes y después de haberme conocido; e hizo mucho más por mí al volverme a encomendar el cargo que otorgándomelo por primera vez. Le deseo todo el bien que sea posible; y sin duda, llegado el caso, no habría escatimado nada en su bien. Me he movido por él como hago por mí mismo. Es un buen pueblo, guerrero y generoso, capaz sin embargo de obediencia y disciplina, y de servir a algún buen fin si está bien dirigido. Dicen también que esta profesión mía pasó sin marca ni huella. Menuda insolencia: se acusa mi relajación en un tiempo en que casi todo el mundo estaba convencido de hacer demasiado.

[...] No acuso a un magistrado que duerme, si quienes están bajo su mano duermen como él: las leyes duermen también. Para mí, alabo una vida deslizante, oscura y muda.

[...] Quien no quiera reconocerme la dulce y muda tranquilidad que ha acompañado mi conducta, al menos no puede privarme de la parte que me pertenece debido a mi buena fortuna. Y estoy hecho de tal modo, que me gusta tanto ser feliz como sabio, y deber mis éxitos más a la gracia de Dios que a la intervención de mi acción. Había proclamado ante el mundo bastante elocuentemente mi insuficiencia en tales actuaciones públicas; tengo un defecto peor que la insuficiencia: que no me desagrada nada ni busco enmendarla, visto el modo de vida que me he propuesto. Tampoco me he satisfecho en esta ocupación a mí mismo, pero casi he alcanzado lo que me había propuesto; y con mucho he superado lo que había prometido a aquellos con quienes tenía que tratar: porque prometo de costumbre un poco menos de lo que puedo y de lo que espero obtener. Me aseguro de no haber dejado ni ofensa ni odio: de dejar añoranza y deseo de mí, por lo menos sé bien esto, que no lo he pretendido mucho.

Ibidem

Rumores y exageraciones

He asistido al nacimiento de varios milagros de mi época. [...] El error particular hace primero el error público, y, a su vez, luego, el error público hace el error particular. Así va todo este sistema tomando consistencia y formándose de mano en mano; de modo que el testigo más alejado está mejor instruido que el más próximo, y el último informado, más convencido que el primero. Es un progreso natural. Porque todo el que cree algo estima que es una obra de caridad convencer a otro, y, para ello, no teme añadir de su cosecha, en la medida que lo considere necesario para su relato, para suplir la resistencia y la insuficiencia que piensa que existe en el pensamiento de los demás.

Yo mismo, que tengo singular escrúpulo de no mentir y que no me preocupo demasiado por dar credibilidad y autoridad a lo que digo, me doy sin embargo cuenta en los discursos que tengo en mano, que estando animado [...], aumento e inflo el tema mediante voz, movimientos, vigor y fuerza de palabras, y aun mediante extensión y amplificación, no sin prejuicio de la verdad natural. Pero lo hago en condiciones tales, sin embargo, que al primero que me devuelve y me pregunta la verdad desnuda y cruda, abandono de pronto mi esfuerzo y se la ofrezco sin exageración, sin énfasis ni relleno. La palabra viva y ruidosa, como es la mía de ordinario, cae gustosa en la hipérbole.

Libro III, XI: «De los cojos»

Sócrates

[...] Si naciera en este momento alguien igual, habría pocos hombres que lo valoraran.

Solo percibimos las gracias aguzadas, hinchadas e infladas de artificio. Las que pasan bajo la naturalidad y la sencillez escapan fácilmente a una vista grosera como la nuestra; tienen una belleza delicada y escondida; hace falta una vista bien clara y bien limpia para descubrir esa luz secreta. [...] Sócrates hace mover su alma con un movimiento natural y común.

[...] No propone ideas vanas: su objetivo fue suministrarnos cosas y preceptos que real y más inherentemente sirvan a la vida. Fue también siempre uno e igual, y se elevó no con ocurrencias, sino por temperamento, hasta el último grado de vigor. O, mejor dicho, no elevó nada, sino que más bien rebajó y devolvió a su grado original y natural, sometiéndolos, el vigor, las asperezas y las dificultades. Porque en Catón se ve bien claro que es una conducta forzada muy por encima de las comunes; en las heroicas hazañas de su vida y muerte siempre lo vemos subido en grandes caballos. Sócrates roza el suelo, y con paso suave y corriente aborda los más útiles razonamientos; y se gobierna, tanto en la muerte como en los momentos más espinosos que puedan presentarse en el curso de la vida humana.

Es gran cosa haber podido dar tal orden a las ideas puras de un niño, de modo que, sin alterarlas ni deformarlas, haya creado a partir de ellas las más bellas obras de nuestra alma. No la representa ni elevada ni rica; solo la representa sana, pero sin duda con una salud bien alegre y perfilada. [...] Es él quien ha rescatado del cielo, donde perdía el tiempo, a la sabiduría humana, para devolvérsela al hombre, donde encuentra su más justa y laboriosa necesidad, además de la más provechosa. [...] Ha hecho un gran favor a la naturaleza humana al mostrar cuánto puede por sí misma.

Todos somos más ricos de lo que pensamos; pero se nos educa en el préstamo y la búsqueda: se nos acostumbra a servirnos más de lo ajeno que de lo propio.

[...] Valiente en la muerte no porque su alma sea inmortal, sino porque él es mortal. Ruinosa enseñanza para cualquier gobierno y mucho más perjudicial que ingeniosa y sutil es la que persuade a los pueblos de que basta únicamente la creencia religiosa sin obras para satisfacer la divina justicia. [...]

¿Para qué nos envanecemos por esos esfuerzos del conocimiento? Miremos el suelo: las pobres gentes que vemos aquí y allá, la cabeza inclinada hacia el trabajo, que no conocen ni a Aristóteles, ni a Catón, ni ejemplo, ni precepto; de ellos saca la naturaleza todos los días actos de constancia y paciencia más puros y recios que los que estudiamos tan cuidadosamente en la escuela. ¿Cuántos veo de ordinario que desprecian la pobreza?, ¿cuántos que desean la muerte o que la pasan sin alarma ni aflicción? Este que cava mi jardín ha enterrado esta mañana a su padre o a su hijo.

Libro III, XII: «De la fisonomía»

Escribía esto en la época en que una fuerte acometida de nuestros disturbios se abalanzó sobre mí, con todo su peso, por varios meses. [...] Monstruosa guerra: las otras actúan fuera; esta se roe incluso a sí misma y se deshace con su propio veneno. Es de naturaleza tan maligna y destructiva que se arruina al mismo tiempo que lo demás, y se desgarra y desmembra de rabia. La vemos más a menudo disolverse por sí misma que por escasez de alguna cosa necesaria, o por la fuerza enemiga. Toda disciplina se aleja de ella. Viene a curar la sedición y está rebosante de ella, quiere castigar la desobediencia y nos ofrece ejemplos, y, empleada en la defensa de las leyes, aporta un grano de rebelión contra las propias. ¿Hasta dónde hemos llegado?

[...] Platón, asimismo, no consiente que se violente la tranquilidad del propio país para curarlo, y no acepta la reforma que cuesta la sangre y la ruina de los ciudadanos. [...]

Yo era platónico en ese sentido, antes de saber que hubo un Platón en el mundo. [...] La ambición, la codicia, la crueldad, la venganza, no tienen suficiente fogosidad propia y natural; las cebamos y las atizamos con el glorioso pretexto de la justicia y la devoción. No es posible imaginar un estado peor de las cosas que aquel en que la maldad queda legitimada y adopta, con la autorización de los magistrados, el manto de la virtud.

[...] Los vivos tuvieron que sufrirla, pero también quienes aún no habían nacido. [Al pueblo], y a mí, por consiguiente, le arrebataron hasta la esperanza, quitándole todo aquello con lo que se disponía a vivir durante largos años.

Además de esta conmoción, sufrí otras. Me expuse a los inconvenientes que la moderación acarrea en tales enfermedades. Recibí palos de todos lados: para los gibelinos era güelfo, para los güelfos, gibelino; alguno de mis poetas dice esto, pero no sé dónde. La situación de mi casa y el trato con los hombres del vecindario me presentaban con una cara, mi vida y mis acciones con otra. No se hacían acusaciones formales, porque no había dónde morder; nunca desamparo las leyes; y quien me hubiera investigado, se habría encontrado más culpable. [...] Suelo contribuir a las suposiciones injuriosas que la fortuna siembra contra mí por mi actitud de huir siempre de dar justificaciones, excusarme y explicarme, estimando que pongo en un compromiso mi conciencia al hablar en favor de ella. Y, como si cualquiera viera en mí tan a las claras como yo, en lugar de evitar las acusaciones, entro en ellas, y tiendo a ensalzarlas por una confesión irónica y burlona; a no ser que simplemente me calle, como ante cosa indigna de respuesta. Pero quienes lo toman por confianza demasiado altiva no me quieren menos mal que quienes lo toman por debilidad de una causa indefendible.

[...] Agradezcamos a la suerte el habernos hecho vivir en un siglo que no es débil, ni lánguido ni ocioso [...].

Al igual que cuando leo en la historia estas confusiones de los otros estados sin el pesar de no haber podido considerarlas mejor presente, así hace mi curiosidad que me plazca en cierto modo ver con mis ojos este notable espectáculo de nuestra muerte pública, sus síntomas y su forma. Y dado que no puedo retrasarla, me alegro de estar destinado a presenciarla e instruirme.

[...] Dudo si puedo bastante honestamente confesar a qué vil precio sobre el reposo y la tranquilidad de mi vida he pasado más de su mitad en la ruina de mi país. Soy algo demasiado paciente en los accidentes que no me afectan directamente; y, para quejarme por mí, miro no tanto lo que me quitan como lo que me queda a salvo dentro y fuera.

Ibidem

De la peste

He aquí otro agravamiento del mal que me ocurrió a continuación de lo demás. Fuera y dentro de mi casa, fui recibido por una peste, violenta como cualquier otra. Porque, al igual que los cuerpos sanos están sujetos a las enfermedades más graves, dado que solo por ellas pueden ser forzados, así mi muy saludable aire, en el que, de ninguna memoria, el contagio, por más que vecino, había podido tomar pie, viniendo a envenenarse, produjo efectos extraordinarios. Tuve que sufrir esta agradable situación, que la vista de mi casa me fuera pavorosa. Todo lo que había en ella estaba sin guardia, y al alcance de quien quisiera. Yo, que soy tan hospitalario, me hallé en una penosísima búsqueda de refugio para mi familia; una familia perdida, provocando miedo a sus amigos y a sí misma, y horror dondequiera que intentara establecerse, debiendo cambiar de domicilio en cuanto uno de la tropa empezaba a quejarse de la punta del dedo. Todas las enfermedades son tomadas por peste; no nos dimos el tiempo de reconocerlas. Y lo bueno es que, como según las reglas de la ciencia, a todo peligro que nos acerquemos hay que estar cuarenta días temiendo el mal, la imaginación os domina durante ese tiempo a su aire y os desasosiega la salud.

Todo esto me habría afectado mucho menos si no hubiera tenido que resentirme del dolor de los demás, y servir seis meses miserablemente de guía a esa caravana. Porque llevo conmigo mis preservativos, que son resolución y sufrimiento. La aprensión no me abruma demasiado, se la teme sobre todo en este mal. Y si, estando solo, hubiera querido darme a ella, habría sido una huida mucho más vigorosa y más lejana. [...]

Mas entonces, ¿qué ejemplo de resolución no vimos en la simplicidad de todo este pueblo? Generalmente todos renunciaban a la preocupación por la vida. Las uvas permanecieron suspendidas en las viñas, el bien principal del país, todos preparándose y esperando con indiferencia la muerte para esta noche, o el día siguiente, con un semblante y una voz tan poco horrorizada que parecían que habían consentido a esa necesidad, y que fuera una condenación universal e inevitable. Siempre lo es. Pero ¿de qué poco depende la decisión ante el morir? La distancia y diferencia de algunas horas, la simple consideración de la compañía, hace que varíe nuestra consideración. Ved estos: dado que mueren el mismo mes, niños, jóvenes, viejos, ya no se conmueven, ya no lloran. Vi a algunos que temían quedarse atrás, como en una horrible soledad; y no solían conocer otra preocupación que la de las sepulturas: les molestaba ver los cuerpos dispersos en medio de los campos, a la merced de las bestias, que los poblaron de inmediato. [...] Uno, sano, hacía ya su fosa; otros se acostaban en ella aún vivos. Y un obrero de los míos, con manos y pies, se echó sobre sí la tierra al morir: ¿no era eso protegerse para dormir más a gusto?

Ibidem

De la aprensión ante la muerte

[...] Si no sabéis morir, no os preocupéis; la naturaleza os informará sobre la marcha, plena y hábilmente; hará con exactitud ese trabajo por vosotros; no confundáis vuestra atención. Perturbamos la vida por la preocupación de la muerte, y la muerte por la preocupación de la vida. [...] No es contra la muerte que nos preparamos; es cosa demasiado momentánea. Un cuarto de hora de sufrimiento, sin consecuencia, sin molestia, no merece preceptos particulares. A decir verdad, nos preparamos contra las preparaciones de la muerte.

[...] Los hombres son diversos en gusto y en fuerza; hay que llevarlos hasta su bien según sean y por rutas diversas. [...] ¿Acaso no decimos que la estupidez y falta de conocimiento del vulgo le da esa paciencia ante los males presentes y esta profunda indiferencia ante los siniestros accidentes futuros?, ¿que su alma por ser más crasa y obtusa es menos penetrable y conmovible? ¡Por Dios!, en ese caso, tengamos de ahora en adelante escuela de tontería.

Ibidem

De la belleza

Lamento que Sócrates, que fue un ejemplar perfecto en todas las grandes cualidades, hubiera encontrado un cuerpo y un rostro tan desfavorecido, según dicen, y tan inadecuado a la belleza de su alma, él tan enamorado y tan apasionado de la belleza. La naturaleza le fue injusta. No hay nada más verosímil que la conformidad y relación del cuerpo con el espíritu. [...]

No puedo decir suficientes veces cuánto estimo la belleza, cualidad poderosa y ventajosa. La llamaba corta tiranía, y Platón el privilegio de la naturaleza. No tenemos ninguna que la supere en crédito. Ocupa el primer rango en el comercio de los hombres; se presenta de entrada, seduce y ocupa nuestro juicio con gran autoridad y maravillosa impresión. [...]

No solo en los hombres que me sirven, sino también en las bestias, la considero a dos dedos de la bondad. Si bien me parece que ese rasgo y forma de la cara, y esas líneas por las cuales se argumentan ciertas constituciones internas y nuestras fortunas futuras, es cosa que no se aloja bien directa y simplemente bajo el capítulo de la belleza y la fealdad. [...] Porque, en una cara que no estará demasiado bien compuesta, puede alojarse cierto aire de probidad y confianza; como, al contrario, he leído a veces entre dos hermosos ojos amenazas de una naturaleza maligna y peligrosa. Hay fisonomías favorables; y, en una multitud de enemigos victoriosos, elegiréis de inmediato, entre hombres desconocidos, a uno en lugar de otro, a quien rendiros y confiar vuestra vida; y no propiamente por la consideración de la belleza. [...]

He aprendido, como he dicho en otra parte, muy simple y crudamente, en lo que a mí respecta, este precepto antiguo: que no sabríamos fallar siguiendo la naturaleza, que el precepto soberano es conformarse a ella. No he corregido, como Sócrates, por la fuerza de la razón, mi constitución natural, y en absoluto he trastornado con artificio mi inclinación. Me dejo ir, tal como he llegado, no combato nada; mis dos partes principales viven a su aire en paz y buen acuerdo; pero la leche de mi nodriza fue, a Dios gracias, moderadamente sana y suave.

Ibidem

De la apariencia

Tengo un porte favorable tanto en figura como por la impresión que causa. Me ha sucedido a menudo que, con el simple crédito de mi presencia y mi aire, personas que no tenían ningún conocimiento de mí se han fiado mucho, sea para sus propios asuntos, sea para los míos; y he obtenido en los países extranjeros favores singulares y raros. Pero estas dos experiencias merecen, quizá, que las cuente en detalle.

Un sujeto decidió tomar por sorpresa a mi casa y a mí. Su método consistió en llegar solo a mi puerta y solicitar un tanto insistentemente la entrada; lo conocía de nombre, y tenía motivo para fiarme de él, como de mi vecino y en cierto modo como de un pariente lejano. Mandé abrir como hago con todos. Helo aquí todo asustado, el caballo sin aliento, bastante agotado. Me contó este cuento: «Que acababa de encontrarse a una media legua con un enemigo suyo, al cual yo también conocía, y había oído hablar de su disputa; que ese enemigo le había perseguido de forma extraordinaria, y que habiendo sido sorprendido en peligro y más débil en número, se había lanzado a mi puerta en busca de refugio; que tenía gran pesar por su gente, a la cual decía tener por muerta o prisionera». Intenté muy sinceramente confortarlo, tranquilizarlo y refrescarlo. Poco después, he aquí cuatro o cinco de sus soldados que se presentan, con el mismo aspecto y miedo, ante la puerta; y luego otros y otros más después, bien equipados y bien armados, hasta veinticinco o treinta fingiendo tener al enemigo a los talones. Ese misterio empezaba a despertar mi sospecha. No ignoraba en qué siglo vivía, cuánto mi casa podía ser envidiada, y tenía varios ejemplos de otros conocidos míos a quienes les había acontecido lo mismo. El caso es que, considerando que no había ningún provecho en haber empezado a ser amable si no acababa de serlo, y no pudiendo desdecirme sin echarlo todo a perder, me dejé llevar por el partido más natural y más simple, como hago siempre, y ordené que entraran. Además, es cierto, soy poco desconfiado y receloso por naturaleza; me inclino de ordinario hacia la excusa e interpretación más benevolente; tomo los hombres según la regla común, y no creo esas inclinaciones perversas y desnaturalizadas, si no me veo forzado a ello por gran testimonio, no más que los monstruos y milagros. Y soy hombre, además, que me entrego de ordinario a la fortuna y me dejo ir a cuerpo descubierto entre sus brazos. De lo cual, hasta este momento, he tenido más ocasión de alabarme que de quejarme; y la he encontrado más enterada y más amiga de mis asuntos de lo que yo lo soy. Hay algunas acciones en mi vida cuya realización puede con justicia llamarse difícil, o, quien quiera, prudente; de ellas, suponed que la tercera parte me pertenezca, sin duda las dos terceras le pertenecen ampliamente a ella. [...]

Se quedaron a caballo en el patio, el jefe conmigo en la sala, que no había querido que estabularan el caballo, diciendo tener que retirarse de inmediato en cuanto recibiera noticias de sus hombres. Se vio dueño de la empresa, y solo faltaba en ese punto la ejecución. A menudo ha dicho después, porque no temía dar esa explicación, que mi cara y mi franqueza le habían arrancado la traición de los puños. Volvió a subir al caballo, sus gentes con los ojos vueltos en todo momento hacia él para poder ver la señal que les daría, bastante asombrados de verlo salir y abandonar la ventaja.

Otra vez, fiándome de no sé qué tregua que acababa de publicarse en nuestros ejércitos, me puse en camino para un viaje por un país extraordinariamente peligroso. En cuanto me hube alejado salieron tres o cuatro partidas a caballo de diversos lugares para capturarme; una me atrapó a la tercera jornada, cuando fui atacado por quince o veinte gentiles hombres enmascarados, seguidos de una turbamulta de arqueros. Heme aquí capturado y rendido, apartado a la espesura de un bosque vecino, desmontado, desvalijado, mis cofres registrados, mi caja tomada, caballos y equipaje dispersados entre nuevos dueños. Estuvimos largo tiempo discutiendo en ese breñal sobre mi rescate, que situaban tan alto que bien parecía que no les era en absoluto conocido. Entraron en gran discusión sobre mi vida. En verdad, había varias circunstancias que me señalaban el peligro en que me encontraba de perderla.

Insistí en todo momento bajo pretexto de la tregua en dejarles solo la ganancia que habían hecho con mi despojo, que no era despreciable, sin promesa de otro rescate. Al cabo de dos o tres horas de estar así y que me hubieran hecho subir a un caballo que no corría el riesgo de que se les escapara, y entregada mi custodia particular a quince o veinte arcabuceros, y dispersada mi gente entre otros, habiendo ordenado que nos llevaran prisioneros por diferentes caminos, y yo ya encaminado a varios arcabuzazos de ahí, les sobrevino una súbita y muy inesperada mutación. Vi volver hacia mí a su jefe con palabras más suaves, dándose el trabajo de buscar entre la tropa mis fardos dispersos, y haciendo devolverme los principales, a medida que los recuperaba, hasta mi caja. El mejor presente que me hicieron fue por último el de mi libertad; el resto no me importaba nada en ese momento. La verdadera causa del cambio tan inesperado y de ese arrebato, sin ningún impulso aparente, y de un arrepentimiento tan milagroso, en aquel momento, en una empresa meditada y debatida, y hecha justa por la costumbre (porque de entrada les confesé el partido en el que estaba y el camino que llevaba), a decir verdad no sé muy bien todavía cuál es. El más destacado, que se desenmascaró y me dio a conocer su nombre, me dijo entonces varias veces que debía la liberación a mi cara, a la libertad y firmeza de mis palabras, que me hacían indigno de tal infortunio, y me pidió garantías en uno similar. Es posible que la bondad divina quisiera servirse de ese vano instrumento para mi conservación. Me protegió al día siguiente de otros peligros peores, de los cuales esos mismos me habían advertido. El último está aún en pie para relatarlo; el primero fue muerto, no hace mucho.

Si mi rostro no respondiera por mí, si no se leyera en mis ojos y en mi voz la franqueza de la intención, no habría durado sin disputa y sin ofensa tanto tiempo, con esa libertad desmesurada de decir a diestro y siniestro lo que me viniera a la imaginación y juzgar precipitadamente las cosas.

Ibidem

[...] La razón tiene tantas formas que no sabemos a cuál atenernos; la experiencia no tiene menos. La consecuencia que queremos sacar del parecido de los acontecimientos es poco segura, tanto más cuanto que son siempre distintos: no hay ninguna cualidad tan universal en esta imagen de las cosas como la diversidad y variedad. [...]

Sin embargo, la opinión de aquel no me place demasiado puesto que pensaba mediante la multitud de las leyes embridar la autoridad de los jueces recortándoles su parte: no comprendía que hay tanta libertad y amplitud en la interpretación de las leyes como en su creación. [...] Tanto hemos dejado opinar y decidir a nuestros jueces que nunca hubo libertad tan poderosa y tan laxa. ¿Qué han ganado nuestros legisladores con poder distinguir cien mil especies y hechos particulares, y con dedicarles cien mil leyes? Este número no tiene ninguna proporción con la infinita variedad de las acciones humanas. La multiplicación de nuestras invenciones no llegará a la variación de los ejemplos. Añadidles otras cien veces lo mismo: no sucederá por ello que, entre los acontecimientos futuros, haya uno que, en todo ese gran número de millares de acontecimientos elegidos y registrados, encuentre otro al que pueda unirse y emparejarse tan exactamente que no quede alguna circunstancia y diversidad que requiera diversa consideración de juicio. Hay poca relación entre nuestras acciones, que están en perpetua mutación, y las leyes fijas e inmóviles. Las más deseables son las más raras, más simples y generales; y creo incluso que más valdría no tener ninguna que tenerlas en tal número como las tenemos.

La naturaleza las da siempre más felices que las que nosotros nos damos.

Libro III, XIII: «De la experiencia»

De los juristas

¿Por qué nuestro lenguaje común, tan fácil para todo otro uso, se vuelve oscuro e ininteligible en un contrato y testamento, y quien se expresa tan claramente, en cuanto dice y escribe, no encuentra en esto alguna manera de pronunciarse que no caiga en duda y contradicción? Si no es que los príncipes de este arte, aplicándose con una peculiar atención en elegir las palabras solemnes y formar cláusulas estudiadas, han pesado tanto cada sílaba, pelado tan finamente cada tipo de conexión, que helos aquí enfrascados y embrollados en la infinidad de las formas y tan diminutas particiones que ya no pueden caer bajo ningún reglamento y prescripción ni a ningún acuerdo cierto.

Ibidem

De los comentarios

[...] Nunca dos hombres juzgaron similarmente una misma cosa, y es imposible ver dos opiniones exactamente parecidas, no solo en diversos hombres, sino en un mismo hombre en diversos momentos. Por lo común encuentro de qué dudar en aquello que el comentario no se ha dignado tocar. Choco con mayor facilidad en terreno llano, como ciertos caballos que conozco que tropiezan más a menudo en camino uniforme.

¿Quién no diría que las glosas aumentan las dudas y la ignorancia, puesto que no se ve ningún libro, sea humano, sea divino, del que la gente se ocupe, del cual la interpretación haga desaparecer la dificultad? El centésimo comentario lo envía a su vez al siguiente, más espinoso y más escabroso de lo que el primero lo había encontrado. ¿Cuándo se ha convenido entre nosotros: este libro ya tiene bastante, a partir de ahora no hay más que decir? [...]

Hay más trabajo en interpretar las interpretaciones que en interpretar las cosas, y más libros sobre los libros que sobre otro tema: no hacemos más que entreglosarnos.

Todo hormiguea de comentarios; de autores, hay gran carestía.

Ibidem

De la libertad

Ningún juez, gracias a Dios, me ha hablado como juez, por causa alguna, mía o de terceros, criminal o civil. Ninguna prisión me ha recibido, ni siquiera para pasearme. La imaginación me hace su vista, incluso desde fuera, desagradable. Estoy tan sediento de libertad, que si alguien me prohibiera el acceso a algún rincón de las Indias, viviría en cierto modo menos a gusto. Y mientras encontrara tierra o aire abierto en otra parte, no me pudriría en un lugar en que debiera esconderme. ¡Dios mío, qué mal podría sufrir la condición en que veo a tantas gentes, clavadas a una región de este reino, privadas de entrada en las ciudades principales y sus cortes, y del uso de los caminos públicos por haber atacado nuestras leyes! Si las que sirvo me amenazaran solo la punta de los dedos, me iría de inmediato en busca de otras dondequiera que fuese. Toda mi pequeña prudencia, en estas guerras civiles en que estamos, se emplea en que no interrumpan mi libertad de ir y venir.

Sin embargo las leyes mantienen su crédito no porque son justas, sino porque son leyes. Es el fundamento místico de su autoridad; no tienen otro. [...]

No hay nada tan burda y ampliamente falible como las leyes, ni de forma tan corriente. Quien las obedece porque son justas no las obedece justamente por lo que debe.

Ibidem

De las reglas de la naturaleza

[...] Los filósofos, con gran razón, nos remiten a las reglas de la naturaleza; pero estas [las indagaciones filosóficas] no saben qué hacer de tan sublime conocimiento; ellos las falsifican y nos presentan su rostro pintado, demasiado vivo en colores y demasiado sofisticado, del que nacen tantos retratos diversos de un tema tan uniforme. Del mismo modo que nos ha provisto de pies para caminar, también de prudencia para guiarnos en la vida. [...] La forma más sencilla de confiarse a la naturaleza es la forma más sabia de confiarse a ella. ¡Oh, qué suave y blanda almohada, y sana, son la ignorancia y el desinterés, para reposar una cabeza bien hecha!

Ibidem

Del juicio

[...] El juicio tiene en mí un asiento magistral, al menos se esfuerza en ello con precaución; deja mis apetitos ir a su aire, tanto el odio como la amistad, incluso la que tengo hacia mí mismo, sin alterarse ni corromperse. Si no puede reformar las otras partes, al menos no se deja deformar por ellas: hace su juego aparte.

[...] Porque además hace falta algún grado de inteligencia para poder darse cuenta de que ignoramos, y hay que empujar una puerta para saber que nos está cerrada. [...] La rotundidad y la obstinación son signos manifiestos de estupidez.

Ibidem

De la inconsecuencia

[...] No solo encuentro difícil unir nuestras acciones unas con otras, sino cada una en sí misma encuentro difícil designarla propiamente por alguna cualidad principal, tan dobles y matizadas son bajo diversos aspectos.

[...] Ningún estilo de conducta sin obstáculo y contrariedad extraordinaria, ninguna facultad simple; al punto que lo más verosímil que pueda un día imaginarse de él será que afectaba y estudiaba hacerse conocido por ser irreconocible.

Ibidem

Reglas de vida y hábitos personales

[...] Un joven debe perturbar sus reglas para despertar el vigor, evitar que se enmohezca y se apoltrone; y no hay tren de vida más necio y más débil que aquel que se conduce según orden y disciplina. Incluso se entregará a menudo a los excesos, de hacerme caso: de otro modo el mínimo desenfreno lo arruina; se vuelve insoportable y desagradable en el trato. [...]

Aunque me criaron tanto como fue posible en la libertad y la indiferencia, sucede que por indolencia, habiéndome al envejecer detenido más en ciertas formas (mi edad ya no es adecuada a la enseñanza y no debe a partir de ahora mirar a otro lado sino mantenerse), la costumbre, sin pensarlo, ya ha imprimido tan bien en mí su carácter en ciertas cosas, que considero exceso separarme de ellas. Y, sin esforzarme, no puedo ni dormir de día, ni hacer colación entre las comidas, ni almorzar, ni acostarme sin un gran intervalo, como de tres horas, después de la cena, ni soportar el sudor, ni beber agua pura ni vino puro, ni permanecer con la cabeza descubierta mucho tiempo, ni hacerme cortar el pelo después de comer; y prescindiría tan difícilmente de los guantes como de la camisa, y de lavarme a la salida de la mesa y al levantarme, y de dosel y cortina en mi cama, en tanto cosas bien necesarias. Comería sin mantel; pero a la alemana, sin servilleta blanca, muy incómodamente: las mancho más de lo que hacen ellos y los italianos; y me sirvo poco de cuchara y tenedor. Lamento que no se haya seguido una conducta que he visto iniciar a ejemplo de los reyes: que se cambiara la servilleta con los servicios, así como de plato. Sabemos de ese laborioso soldado Mario que, envejeciendo, se volvió delicado en el beber, y que solo lo tomaba en una copa propia. Yo también me inclino por cierta clase de vasos, y no bebo de buen grado en vaso común, no más que de mano común. Todo metal me desagrada en comparación con una materia clara y transparente. Que mis ojos saboreen también, según su capacidad.

Debo varias de tales debilidades a la costumbre. La naturaleza, por otra parte, me ha aportado también las suyas: como no realizar ya dos comidas completas en un día sin sobrecargar mi estómago; ni la abstinencia pura de una de las comidas sin llenarme de vientos, secárseme la boca, estremecerme el apetito [...].

Ibidem

Enfermedad y salud

Tanto sano como enfermo, me he abandonado de ordinario a los apetitos que me asaltaban. Otorgo gran autoridad a mis deseos y propensiones. No me gusta nada curar el mal con el mal; odio los remedios que importunan más que la enfermedad. Estar sometido al cólico y a abstenerme del placer de comer ostras son dos males por uno. El mal nos pellizca por un lado, el precepto por el otro. Puesto que corremos el riesgo de equivocarnos, arriesguémonos más bien siguiendo el placer. La gente hace al contrario, y no piensa nada útil que no sea penoso; la facilidad le es sospechosa. Mi apetito en varias cosas se ha acomodado solo bastante felizmente y se ha adaptado a la salud de mi estómago. La acritud y el picor de las salsas me agradaban siendo joven; al aburrirse mi estómago de ellas luego, el gusto lo ha seguido de inmediato. El vino perjudica a los enfermos; es la primera cosa de la que mi boca hace ascos, y con un asco invencible. Todo lo que reciba con desagrado me perjudica, y nada me perjudica si lo hago con hambre y alegría; no he recibido nunca molestia de acción que me hubiera sido agradable; sin embargo, he hecho ceder ante mi placer, muy ampliamente, toda conclusión médica.

[...] Hay que sufrir con calma las leyes de nuestra condición: estamos hechos para envejecer, para debilitarnos, para caer enfermos, a pesar de toda medicina. [...]

Hay que aprender a sufrir lo que no puede evitarse. Nuestra vida está compuesta, como la armonía del mundo, de cosas contrarias, así como de diversos tonos, suaves y ásperos, agudos y planos, leves y graves. El músico que solo amara unos, ¿qué desearía decir? Es necesario que sepa utilizarlos en común y mezclarlos. Y nosotros también, los bienes y los males, que son consubstanciales a la vida. Nuestro ser no puede existir sin esa mezcla, y le es una parte no menos necesaria que la otra.

Ibidem

De la convalecencia

Pero ¿hay algo más dulce que esta súbita mutación, cuando después de un dolor extremo consigo, mediante la expulsión de mi piedra, recobrar como de un fogonazo la hermosa luz de la salud, tan libre y tan plena, como sucede en nuestros súbitos y más agudos cólicos? ¿Hay algo en ese dolor sufrido que podamos contraponer al placer de una tan pronta curación? Cuánto me parece más hermosa la salud después de la enfermedad, tan vecina y tan contigua que puedo reconocerlas en presencia la una de la otra, ambas en su mayor pompa.

[...] Hay tanto azar y tantos grados en volver a

estar a salvo que nunca está hecho; antes de que os hayan desvestido de un sombrero y luego de un casquete, antes de que os hayan devuelto el uso del aire, y del vino, y de vuestra mujer, y de los melones, es gran casualidad si no habéis recaído en alguna nueva miseria.

Ibidem

Sus hábitos personales

No hay nada que deba elogiarse tanto a la juventud como la actividad y la vigilancia. Nuestra vida no es más que movimiento. Me pongo en marcha difícilmente, y soy tardo en todo, en levantarme, en acostarme y en las comidas; la mañana para mí solo es a las siete, y, donde mando, no almuerzo antes de las once, ni ceno más que después de las seis. En otro tiempo atribuí la causa de las fiebres y enfermedades en que caí a la pesadez y embotamiento que el largo sueño me había traído, y siempre me he arrepentido de volver a dormirme por la mañana. Platón atribuye mayor mal al exceso del dormir que al exceso del beber. Me gusta acostarme sobre duro y solo, incluso sin mujer, a la real, más bien cubierto; nunca calientan mi cama; pero, desde la vejez, me dan, cuando las necesito, mantas para calentarme los pies y el estómago. [...] Si tengo algún cuidado en la conducta es más bien en el acostarme que en otra cosa; pero me acomodo en general como cualquier otro a la necesidad. El dormir ha ocupado una gran parte de mi vida; y lo continúa haciendo a esta edad ocho o nueve horas de un tirón. Me separo con provecho de esta perezosa propensión, y me encuentro evidentemente mejor; noto un poco el golpe de la mutación, pero es cosa de tres días. Y no veo a nadie que viva con menos cuando es necesario, y que se ejercite con más constancia, ni a quien los trabajos pesen menos. Mi cuerpo es capaz de un movimiento constante, pero no impetuoso y súbito. Huyo ahora de los ejercicios violentos, y que me producen sudor: mis miembros se cansan antes de calentarse. Aguanto de pie todo el día, y no me molesta en absoluto pasear; pero sobre adoquines, desde mi infancia, solo me ha gustado ir a caballo; a pie, me embarro hasta las nalgas, y las personas pequeñas están sometidas en las calles a ser golpeadas y codeadas, por falta de corpulencia.

Ibidem

La vida militar

No hay ocupación agradable como la militar; ocupación noble en ejecución (porque la más fuerte, generosa y soberbia de todas las virtudes es la valentía), y noble en su causa; no hay beneficio ni más justo, ni más universal que la protección del reposo y grandeza del propio país. La compañía de tantos hombres os place, nobles, jóvenes, activos; la contemplación habitual de tantos espectáculos trágicos; la libertad de este trato sin artificio, y un modo de vida masculino y sin ceremonia, la variedad de mil acciones diversas, esa valerosa armonía de la música guerrera que os acaricia y enardece los oídos y el alma, el honor de este ejercicio, su rudeza misma y su dificultad [...].

Ibidem

Satisfacción de sí

[...] Si el cuerpo se gobernara según mi voluntad en igual grado que el alma, andaríamos un poco más a gusto. La tenía entonces, no solo exenta de problemas, sino aun llena de satisfacción y fiesta, como suele estarlo, mitad por temperamento, mitad por propósito.

[...] Ni me quejo de la decadencia natural que me atrapa. Ni tampoco lamento que mi existencia sea tan larga y plena como la de un roble.

No albergo motivos para quejarme de la imaginación: he tenido pocos pensamientos en la vida que me hayan interrumpido el curso del sueño, si no han sido del deseo, que me despertaba sin afligirme. Sueño con poca frecuencia; y entonces es con cosas fantásticas y quimeras producidas comúnmente por pensamientos agradables, más bien ridículas que tristes. Y sostengo que es verdad que los sueños son leales intérpretes de nuestras inclinaciones, pero hace falta arte para combinarlos y comprenderlos.

Ibidem

[...] No elijo nunca en la mesa y cojo la primera cosa y más cercana, y me muevo de mal grado de un gusto a otro. La multitud de platos y servicios me desagrada tanto como cualquier multitud: me contento fácilmente con pocos manjares; y odio la opinión de Favorino, que en un festín os tienen que quitar el alimento que coméis con ganas y sustituirlo siempre por otro nuevo, y que es una cena miserable si no han hartado a los asistentes de rabadillas de diversos pájaros, y que solo la curruca merece comerse entera. Suelo hacer uso de las viandas saladas: sin embargo prefiero el pan sin sal, y el panadero no sirve otro en mi mesa, contra la usanza del país. Tuvieron, en mi infancia, que corregir sobre todo el rechazo que hacía de las cosas que por lo común gustan más en esa edad: azúcares, confituras, pastelitos. Mi preceptor combatió este odio de viandas refinadas como una especie de refinamiento; aunque, no es otra cosa que dificultad de gusto, dondequiera que este se aplique.

Quien quita a un niño una inclinación particular y obstinada por el pan moreno y el tocino, o el ajo, le quita la golosina. Hay quienes se hacen los difíciles y remolones por lamentar el buey y el jamón entre las perdices. Que les aproveche: es el refinamiento de los refinados; es el gusto de una blanda fortuna que se hastía ante las cosas ordinarias y habituales. [...] Existe en verdad esta diferencia, que más vale obligar el deseo a las cosas más fáciles de encontrar; aunque siempre es vicio obligarse. [...]

Ibidem

Si tuviera hijos varones, les desearía de buen grado mi fortuna. El buen padre que Dios me dio (que solo tiene de mí el reconocimiento de su bondad, pero sin duda bien vigoroso) me envió desde la cuna a que me alimentaran a un poblado pobre de los suyos y allí me mantuvo mientras estuve con nodriza y aún más tiempo, criándome en la más baja y común forma de vivir. No toméis nunca, y menos deis nunca a vuestras mujeres, la carga de la alimentación; dejadlos formar al azar bajo leyes populares y naturales; dejad que la costumbre los adiestre en la frugalidad y la austeridad; que tengan más bien que descender de la dificultad que subir hacia ella. Su temperamento apuntaba además hacia otro fin: acercarme al pueblo y a esta condición de hombres que necesita nuestra ayuda; y estimaba que fuera criado a mirar más bien hacia quien me tiende los brazos que hacia quien me gira la espalda. Y fue esta razón por la que también me dio a sostener en el bautismo a personas de la más abyecta fortuna, para hacerme sentir agradecido y apegarme a ellos.

Su propósito no ha salido mal del todo: me entrego de buen grado a los pequeños, sea porque hay más gloria, sea por compasión natural, que puede infinitamente en mí.

Ibidem

Las comidas largas me aburren y me molestan, porque, tal vez por haberme acostumbrado de pequeño, mientras estoy en ellas suelo comer a falta de mejor actitud. Por eso en mi casa, aunque sean cortas, suelo sentarme un poco después que los demás [...]. En cambio después me gusta reposar largo rato y oír hablar, siempre que no intervenga, porque me canso y me perjudico hablando con el estómago lleno, en igual medida que el ejercicio de gritar y discutir me resulta muy saludable y agradable antes de la comida. [...]

Quienes tienen que cuidarme podrían fácilmente quitarme lo que consideran que me es dañino, pues en tales cosas no deseo jamás ni pido lo que no veo; pero también, de las que se presentan, pierden el tiempo predicándome la abstinencia. Al punto que, cuando quiero ayunar, me tienen que poner aparte de los comensales y presentarme solo lo que hace falta para una colación mesurada; porque si me siento a la mesa, olvido mi resolución.

Cuando ordeno que cambien el condimento de alguna vianda, los míos saben que eso significa que mi apetito se ha languidecido y que no la tocaría. En todas las que lo admiten, las prefiero poco cocidas y bastante manidas, y hasta en muchas con el olor alterado. Por lo general solo me molesta la dureza (en relación con cualquier otra cualidad soy tan indiferente y tolerante como cualquier otro hombre que haya conocido), al punto que, contra el gusto común, incluso entre los pescados, me ocurre encontrar algunos demasiado frescos y demasiado sólidos. No es por culpa de mis dientes, que siempre he tenido buenos hasta la excelencia, y que solo ahora la edad empieza a amenazar. He aprendido desde la infancia a frotarlos con mi servilleta, tanto por la mañana como a la entrada y salida de la mesa.

Dios perdona a quienes sustrae la vida poco a poco, ese es el único beneficio de la vejez. La última muerte será por ello tanto menos entera y molesta; no matará más que a medio o a un cuarto de hombre. He aquí un diente que acaba de caérseme sin dolor, sin esfuerzo, era el término natural de su existencia. Y esta parte de mi ser y varias otras están ya muertas, otras medio muertas, de las más activas y que ocupaban el primer puesto durante el vigor de mi edad. Así es como me disuelvo y escapo a mí mismo. [...]

En verdad, recibo un gran consuelo con los pensamientos sobre mi muerte, que sea de las justas y naturales, y que a partir de ahora no pueda respecto a ella solicitar ni esperar del destino favor que no sea ilegítimo. Los hombres se dan ínfulas de que antaño gozaron, al igual que de la estatura, de una vida también más larga; pero se equivocan, y Solón, que es de esos tiempos antiguos, fija sin embargo la extrema longevidad en setenta años.

Ibidem

[...] Yo, que he adorado tanto y tan universalmente ese *ἄριστον μέτρον* [nada en demasía] del pasado, y que tanto he adoptado como el más perfecto el justo medio, ¿pretendería una vejez desmesurada y prodigiosa? Todo lo que viene a contracorriente de la naturaleza puede ser fastidioso, pero lo que viene según ella debe ser siempre agradable. [...]

La muerte se mezcla y confunde por todas partes en nuestra vida: el declive anticipa su hora y se introduce en el curso de nuestro propio avance. Tengo retratos de mi figura con veinticinco y treinta años; los comparo con la de ahora: ¡cuántas veces no soy yo!, ¡cuánto más alejada de esas está mi imagen presente que de la de mi muerte! Sería abusar demasiado de la naturaleza arrastrarla tan lejos que se vea obligada a dejarnos, y abandonar nuestra conducta, nuestros ojos, nuestros dientes, nuestras piernas y el resto del cuerpo a la merced de un socorro extranjero y mandado llamar, y someternos a las manos de la ciencia, cansada de seguirnos.

No soy excesivamente aficionado ni a las ensaladas ni a las frutas, excepto a los melones. Mi padre odiaba toda clase de salsas, me gustan todas. Comer demasiado me incomoda; pero, por su cualidad, no tengo todavía conocimiento seguro de ninguna vianda que me haga daño; como tampoco no distingo ni luna llena, ni menguante, ni el otoño de la primavera. Hay movimientos en nosotros, inconstantes y desconocidos: porque los rábanos blancos, por ejemplo, los he encontrado primero agradables, luego molestos, ahora de nuevo agradables. En varias cosas siento que mi estómago y mi apetito van de este modo diversificando: he cambiado del blanco al clarete, y luego del clarete al blanco. Soy aficionado al pescado y convierto mis días grasos en magros, y mis fiestas en días de ayuno; creo lo que algunos dicen, que es de más fácil digestión que la carne. Al igual que tengo escrúpulo de comer carne el día de pescado, también lo tiene mi gusto de mezclar el pescado con la carne: esta diversidad me parece demasiado alejada.

Desde mi juventud, me saltaba a veces alguna comida: o con el fin de aguzar mi apetito para el día siguiente, porque, al igual que Epicuro ayunaba y hacía comidas frugales para acostumbrar su voluptuosidad a prescindir de la abundancia, yo, al contrario, para adiestrar mi voluptuosidad a obtener mejor provecho y a servirse más vivamente de la abundancia; o ayunaba para conservar el vigor al servicio de alguna acción del cuerpo o del espíritu, porque tanto el uno como el otro se empereza cruelmente en mí con la saciedad, y sobre todo odio ese tonto acoplamiento de una diosa tan sana y tan vivaz con ese pequeño dios indigesto y eructador, completamente abotargado por el vapor de su licor; o bien para curar mi estómago enfermo; o por estar sin compañía adecuada, porque afirmo, como el propio Epicuro, que no hay que mirar tanto lo que se come como con quién se come, y alabo a Quilón por no haber querido prometer acudir al festín de Periandro antes de haberse informado sobre quiénes eran los otros invitados. No hay condimento que me sea tan dulce, ni salsa tan apetecible, como la que se obtiene de la compañía.

Ibidem

Del sano goce de los placeres del cuerpo

[...] Yo, que me muevo a ras de tierra, odio esa inhumana sapiencia que quiere hacernos desdeñosos y enemigos de la cultura del cuerpo. Estimo injusticia similar tomar de mala gana las voluptuosidades naturales que tomarlas con demasiada gana. [...]

Hay algunos a quienes con tenaz estupidez, como dice Aristóteles, les repugnan. Conozco otros que lo hacen por ambición; ¿por qué no renuncian también a respirar?, ¿por qué no viven de lo propio y no rechazan la luz por lo que tiene de gratuita y no les cuesta ni invención ni esfuerzo? Que Marte, Palas o Mercurio los sustenten, por ver qué pasa, en lugar de Venus, Ceres y Baco. [...] Odio que se nos ordene tener el espíritu en las nubes, mientras tenemos el cuerpo en la mesa. No quiero que el espíritu se clave ni que se arrellane, quiero que se aplique. [...]

Cuando bailo, bailo; cuando duermo, duermo; incluso, cuando me paseo en solitario por un hermoso vergel, si mis pensamientos se han entretenido con ocurrencias extranjeras alguna parte del tiempo, otra parte las devuelvo al paseo, al vergel, a la dulzura de esa soledad y a mí. La naturaleza ha cumplido maternalmente esto, que las acciones que nos ha impuesto por nuestra necesidad nos fueran también voluptuosas, y nos invita no solo por la razón, sino también por el apetito: es injusticia corromper sus reglas.

[...] Somos grandes locos. «Ha pasado la vida en ociosidad», decimos. «No he hecho nada hoy.» «¡Cómo! ¿No ha vivido? No solo es la fundamental, sino la más ilustre de sus ocupaciones.» «Si me hubieran puesto al corriente de los grandes asuntos habría mostrado lo que sabía hacer.» «¿Ha sabido meditar y gobernar su vida? Ha hecho el mayor trabajo de todos.»

Para mostrarse y sacarse partido, la naturaleza puede prescindir de la fortuna, se muestra igualmente en todos los niveles, y detrás, como sin velo. Componer las costumbres es nuestra función, no componer libros, y ganar, no batallas y provincias, sino el orden y tranquilidad en la conducta. Nuestra grande y gloriosa obra maestra es vivir de forma adecuada.

Ibidem

Para vivir bien

[...] Así han vivido los sabios; y esta inimitable aplicación a la virtud que nos admira en uno y otro Catón, este temperamento severo hasta la inoportunidad, se ha sometido y deleitado blandamente así ante las leyes de la condición humana, de Venus y de Baco [...].

La relajación y la simplicidad honran, al parecer, de maravilla y convienen mejor a un alma fuerte y generosa. Epaminondas no estimaba que mezclarse en la danza de los muchachos de la ciudad, cantar, sonar y esforzarse con dedicación fueran cosas que enturbiaran el honor de sus gloriosas victorias y la perfecta reforma de las costumbres existentes en él. Y entre tantas admirables acciones de Escipión el Mayor, personaje digno de la opinión de un origen celeste, no hay nada que le dé más gracia que verlo perdiendo indolente y puerilmente el tiempo recogiendo y eligiendo conchas, y correteando a lo largo de la orilla del mar, con Lelio, y, si hacía mal tiempo, divirtiéndose y solazándose representando por escrito en comedias las más populares y bajas acciones de los hombres.

[...] No hay nada tan hermoso y legítimo como hacer bien el hombre y debidamente, ni ciencia tan ardua como saber vivir bien y naturalmente esta vida; y, de nuestras enfermedades, la más salvaje es desdeñar nuestro ser. [...] Ordeno a mi alma mirar tanto el dolor como la voluptuosidad con una mirada igualmente mesurada e igualmente firme, pero con alegría una, la otra con severidad, y, según lo que pueda aportar, con tanto cuidado extinguiendo uno como extendiendo la otra.

Ibidem

Valor de la vida

[...] Esta palabra corriente, *pasatiempo*, y la expresión *pasar el tiempo* reflejan el uso de esas personas prudentes que no tienen nada mejor que hacer en su vida que dejarla deslizar y escapar, pasarla, esquivarla y, en la medida en que pueden, ignorarla y rehuirla, como algo enojoso y desdeñable. Pero yo la conozco de otro modo, y la encuentro aceptable y agradable, incluso en el último tramo, donde la tengo; y nos la ha otorgado la naturaleza, adornada de tales circunstancias y tan favorables que solo podemos culparnos a nosotros mismos si nos abruma y se nos escapa inútilmente. Me dispongo por eso a perderla sin pena, pero como perdible por naturaleza, no como molesta e inoportuna. [...] Hay trabajo en gozarla; la gozo el doble que los demás, porque la medida en el goce depende de la mayor o menor aplicación que nosotros prestemos. Y es sobre todo en este momento en que percibo la brevedad de la mía, cuando quisiera incrementarla en peso; quiero detener la celeridad de su huida mediante la prontitud de mi captura, y, a fuerza de uso, compensar lo raudo de su transcurso; a medida que la posesión del vivir se acorta, tengo que hacerla más profunda y plena.

Los otros sienten la dulzura de la alegría y la prosperidad; la siento igual que ellos, pero no dejándola pasar y deslizarse. Así que hay que considerarla con morosidad, saborearla y rumiarla, para dar cumplidas gracias a quien nos la concede. Los demás gozan de los placeres como del sueño, sin conocerlos. Con el fin de que el propio sueño no se me escapara de forma tan estúpida, antaño juzgué oportuno que me despertaran para entreverlo. Medito conmigo mismo sobre una satisfacción, no recojo solo la espuma; la sondeo y, para recogerla, pliego mi razón, que se ha vuelto melancólica y desganada. ¿Que me encuentro en un estado tranquilo?, ¿que hay alguna voluptuosidad que me cosquillea? No dejo que los sentidos la escamoteen, asocio a ella mi alma, no para que se arrebate, sino para que se deleite; no para que se pierda, sino para que se encuentre; y la empleo a su vez a que se mire en ese próspero estado, a que pese y estime la felicidad y a que la aumente. Considere cuánto le debe a Dios por disfrutar del reposo de su conciencia y otras pasiones internas, por tener el cuerpo en la salud natural, gozando ordenada y plenamente de las funciones dulces y obsequiosas con las que le place compensar por su gracia los dolores con los que su justicia nos golpea a su vez, cuánto le vale estar alojada en tal punto que, dondequiera que dirija la vista, el cielo está en calma a su alrededor; ningún deseo, ningún temor o ninguna duda que le turbe el aire, ninguna dificultad por encima de la cual su pensamiento no pase sin daño. [...]

Para mí pues, amo la vida y la cultivo tal como le ha placido a Dios concedérnosla. No desearía que estuviera privada de la necesidad de beber y comer, [...] ni que nos sustentáramos metiendo solo en la boca un poco de aquella droga con la cual Epiménides se privaba de apetito y se mantenía; ni que produjéramos estúpidamente niños por los dedos o los talones, [...] ni que el cuerpo careciera de deseo y excitación. Son quejas ingratas e inicuas. Acepto de buen grado, y agradecido, lo que la naturaleza hace por mí, y me alegro y me felicito. Hacemos daño a ese grande y todopoderoso dador rechazando su don, anulándolo y desfigurándolo. [...]

La naturaleza es una dulce guía, pero no tan dulce como prudente y justa. Busco por todas partes su pista: la hemos cubierto de huellas artificiales. ¿No es error estimar algunas acciones menos dignas por el hecho de que son necesarias? Sin embargo, no me quitarán de la cabeza que no sea un matrimonio muy adecuado el del placer con la necesidad, con la cual, dice un antiguo, los dioses conspiran siempre. ¿Para qué desmembramos en divorcio un conjunto tejido con una correspondencia tan ligada y fraternal? Al contrario, reanudémoslo mediante servicios mutuos. Que el espíritu despierte y vivifique la pesadez del cuerpo, el cuerpo detenga la levedad del espíritu y la fije. No hay parte indigna de nuestro cuidado en este presente que Dios nos ha hecho; debemos rendir cuenta hasta del último cabello. Y no es misión insignificante para el hombre la de conducir al hombre según su condición: es simple, sincera y muy principal, y nos la ha dado el creador seria y expresamente.

[...] No me refiero aquí, y no mezclo con ese griterío de hombres que somos ni con esa vanidad de deseos y cogitaciones que nos desvían, a esas almas venerables, elevadas por ardor de devoción y religión a una constante y concienzuda meditación de las cosas divinas, quienes saboreando por adelantado mediante el esfuerzo de una viva y vigorosa esperanza la experiencia del alimento eterno, objetivo último y alto final de los deseos cristianos, único placer constante, incorruptible, desdeñan apegarse a nuestros menesterosos bienes, fluidos y ambiguos, y abandonan fácilmente al cuerpo el cuidado y el uso de la pitanza sensual y temporal.

[...] Quieren situarse fuera de sí y escapar al hombre. Es locura; en lugar de transformarse en ángeles, se transforman en bestias; en lugar de alzarse, se rebajan. Esos temperamentos trascendentes me asustan como los lugares escarpados e inaccesibles; y nada me es tan molesto de digerir en la vida de Sócrates como sus éxtasis y sus demonierías, nada tan humano en Platón como aquello por lo que lo llaman divino. Y de nuestras ciencias las que me parecen más terrestres y bajas son las que han subido más arriba; y no encuentro nada tan humilde y tan mortal en la vida de Alejandro como las ideas acerca de su inmortalización. Filotas lo atacó con gracia en su respuesta. Se había alegrado con él por carta tras el oráculo de Júpiter que lo había situado entre los dioses: «Me alegro por ti, pero habrá de qué compadecer a los hombres que tendrán que vivir y obedecer a un hombre que sobrepasa y no se contenta con la medida de un hombre».

[...] Es una perfección absoluta, y casi divina, saber gozar lealmente del propio ser. Buscamos otras condiciones, por no comprender el uso de las nuestras, y salimos fuera de nosotros mismos, por no saber qué hay dentro. Por eso, ya podemos esforzarnos en subirnos sobre zancos, porque incluso sobre zancos hay que seguir andando con las piernas. Y en el trono más elevado del mundo, no estamos sentados sino sobre el culo.

Las vidas más hermosas son, a mi entender, las

que se conforman al modelo común y humano, con orden, pero sin milagro, sin extravagancia. Sin embargo, la vejez tiene cierta necesidad de ser tratada más delicadamente. Recomendémosla a ese dios protector de la salud y la sabiduría, pero alegre y sociable.

Ibidem

AUSTRAL